Mittelalterlicher Pilgerweg von Berlin nach Wilsnack

Mittelalterlicher Pilgerweg von Berlin nach Wilsnack

Pilgern mit Hund in Brandenburg

Christian Hottas

Impressum

Bibliografische Information der Deutschen Nationalbibliothek: Die Deutsche Nationalbibliothek verzeichnet diese Publikation in der Deutschen Nationalbibliografie; detaillierte bibliografische Daten sind im Internet unter dnb.dnb.de abrufbar.

© 2023 Christian Hottas, 22393 Hamburg

Herstellung und Verlag: BoD – Books on Demand, Norderstedt

ISBN: 9 783758 308550

INHALTSVERZEICHNIS

DANKSAGUNG

Dieses Büchlein über meinen vierten Pilgerweg, den dritten gemeinsam mit Christine und den ersten mit Kito, unserem kleinen Pinscher-Rüden, wäre nicht möglich gewesen, wenn ich nicht bei der Planung, Durchführung und Nachbearbeitung dieser Pilgerreise so vielfältige Unterstützung erfahren hätte.

Zu allererst gilt mein Dank natürlich meiner Partnerin **Christine Schroeder**, auf die ich mich stets verlassen kann, die mich immer unterstützt und die häufig auch meine erste und wertvollste Kritikerin ist.

Kito, dem kleinen Pinsch, verdanke ich das neue und modifizierte Thema „Pilgern mit Hund".

Anna Funke, der Vorsitzenden des Dorfvereins Barsikow und Ehefrau des dortigen Ortsvorstehers, danke ich für ihre wertvolle Hilfe, als es mir unterwegs so schlecht ging und wir unseren Etappenplan spontan ändern mussten.

Weiterhin danke ich unseren Gastgebern der Privatquartiere unterwegs, namentlich **Diana Kuhl** (Bötzow), **Lutz Kowalke** (Kirchengemeinde Flatow) und **Christine Dau** (Protzen).

Und zu guter Letzt gilt mein Dank allen netten Menschen unterwegs, die uns sonst wie unterstützt haben, die uns die Kirchen aufschlossen, die Pilgerstempel bereithielten oder einfach nur gute Tipps gaben.

You'll never walk alone…

PROLOG

Die anhaltende COVID-19 Pandemie macht auch im Sommer 2021 eine mittel- oder gar langfristige Planung zum Pilgern auf einem der spanischen Jakobswege nahezu unmöglich. Zu schnell wechselt Spanien zwischen Normalstatus, Risiko- und Hochrisikogebiet oder gar Virusvariantengebiet. Stattdessen bieten sich nun die deutschen Pilgerwege als Alternative an. Deren Zahl ist in den letzten rund 20 Jahren peu à peu angewachsen, und auch im Web finden sich bei akribischer Recherche immer mehr Informationen.

Hinzu kommt, dass wir seit Anfang Mai 2021 „Familienzuwachs" haben, nämlich Kito, einen zweijährigen, sehr aktiven, sehr anhänglichen und sehr schmusigen kleinen Pinschermix-Rüden, der am liebsten mit uns beiden gemeinsam auf Tour ist. Ihn wollen wir natürlich nicht allein lassen, so dass sich für uns unverhofft das Thema „*Pilgern*" zu „***Pilgern mit Hund***" erweitert hat.

Dies verkompliziert vor allem unsere Suche nach passenden Unterkünften. Denn nicht jeder Anbieter nimmt Pilger mit Hund auf, sei es aus hygienischen Gründen oder sei es den eigenen Hühnern, Katzen oder Hunden zuliebe.

Daher ist es doppelt sinnvoll, alle Quartiere unbedingt bereits im Vorfeld zu buchen – einerseits, weil wir nicht wissen, wie frequentiert der mittelalterliche Pilgerweg von der Marienkirche in Berlin zur Wunderblutkirche in Wilsnack – heutzutage heißt es Bad Wilsnack – rund acht Wochen nach dem Ende des zweiten COVID-19 Lockdowns sein wird, und zum zweiten des kleinen Hundes wegen.

Gut drei Wochen vor unserem Aufbruch haben wir endlich auch die letzte Planungslücke geschlossen: Wir haben alle Pilgerweg-Übernachtungen gebucht!

GESCHICHTLICHER HINTERGRUND

Der Pilgerweg von Berlin nach Wilsnack ist einerseits sehr alt und andererseits ziemlich jung.

Er ist einerseits sehr alt, weil er in der Zeit von 1383 bis 1552 der bedeutendste mittelalterliche Pilgerweg nördlich der Alpen war, der jährlich bis zu einhunderttausend (!!!) Pilger aus ganz Europa – aus Deutschland, England, Flandern, Frankreich der Schweiz, Skandinavien, dem Baltikum, Russland, Polen, Österreich, Tschechien und Ungarn – zur Wunderblutkirche nach Wilsnack führte, von denen die gesamte Region mit ihren kaum eintausend Bewohnern zunehmend wirtschaftlich profitierte, um nicht zu sagen: lebte.

Ausgangspunkt der Geschichte war eine Brandstiftung. Am 16. August 1383 hatte Heinrich von Bülow, der mit den Herren von Möllendorf und dem Bischof in Havelberg im Streit lag, die weitgehende Abwesenheit der Wilsnacker Bevölkerung, die zum jährlichen Domweihfest nach Havelberg gezogen war, genutzt, um Wilsnack und zehn weitere Dörfer der Umgebung niederzubrennen.

Der Wilsnacker Pastor Johannes Calbutz fand bei seiner Rückkehr nach Wilsnack in einer Altarnische der abgebrannten Kirche einen Kelch mit drei bereits geweihten Hostien, die den Brand bis auf leicht angesengte Ränder heil überstanden hatten. Jede von ihnen trug einen roten Blutstropfen. In der unmittelbaren Folgezeit wurden in Verbindung mit diesen drei „Bluthostien" diverse Kerzen- und Hostienwunder berichtet, die dazu führten, dass Papst Urban VI. im Folgejahr, also 1384, einen Ablassbrief zum Wiederaufbau der nunmehr Wallfahrtskirche ausstellte, woraufhin sich Wilsnack rasch zum fünfbedeutendsten Wallfahrtsziel des christlichen Abendlandes (nach Rom, Jerusalem, Santiago de Compostela und Aachen) entwickelte.

Die Pilger rekrutierten sich aus allen gesellschaftlichen Schichten. So pilgerte auch Kurfürst Friedrich II. in den Jahren 1440-1451 alleine sechsmal nach Wilsnack.

Nachdem nach der Reformation der erste evangelische Pfarrer Joachim Ellefeld – entgegen einer Anordnung des Stadtrats – 1552 die drei Bluthostien öffentlich verbrannt hatte, ebbten die Pilgerströme

11

schlagartig ab, was den raschen wirtschaftlichen Niedergang Wilsnacks und der gesamten Region zur Folge hatte.

Der Pilgerweg ist andererseits sehr jung, weil er wie beschrieben nach 1552 völlig in der Bedeutungslosigkeit verschwand, in Vergessenheit geriet und erst ab 1988 wieder von Heimatforschern, Archäologen und Historikern neu entdeckt, erforscht und bestmöglich rekonstruiert wurde. Letzteres war vor allem dadurch erschwert, dass es im Mittelalter keine Straßenkarten gab. So verzeichnet die älteste deutsche Karte aus dem Jahr 1491 nur Orte, aber keine Wege. Wilsnack ist übrigens eingezeichnet, Berlin dagegen nicht.

Auch sind nur wenige Spuren der einstigen Straßen und Brücken erhalten geblieben, so dass die genaue Trasse heutzutage nicht mehr zu belegen ist. Hinweise fanden sich dagegen vereinzelt in den alten Dorfkirchen und auf ihren mittelalterlichen Glocken.

Besonders hervorzuheben ist hierbei das Ehepaar *Prof. Rainer Oefelein*, Architekt und Hochschullehrer, und *Dr. Cornelia Oefelein*, das in den Jahren 2004 und 2005 mit intensiver Wegeforschung einschließlich Spurensuche nach Relikten aus der Pilgerzeit die Voraussetzung dafür geschaffen hat, dass dieser mittelalterliche Pilgerweg rekonstruiert und neu installiert werden konnte. Von ihnen stammt auch der Outdoor-Pilgerführer zu diesem Weg (2. Auflage vom September 2020), der zur Grundausstattung jedes Pilgers auf diesem Weg zählen sollte.

Dieser Pilgerführer ist in Sachen Gründlichkeit, Hintergrundwissen und Genauigkeit so gut, dass er für mich unschlagbar ist. Ich mache mit meinem Bericht also keinerlei Versuch, mit ihm zu konkurrieren, sondern möchte nur einen ergänzenden, ganz persönlichen Erlebnis- und Erfahrungsbericht beisteuern, der zudem einige Pandemie-bedingte Neu-Informationen enthält.

Seit 2006 ist der einstige mittelalterliche Pilgerweg Berlin – Wilsnack wieder markiert und begehbar, wobei er auch heute immer noch eine Art Geheimtipp ist. Immerhin gehen – laut Homepage www.wegenachwilsnack.de – jährlich etwa 1.000 Pilger diesen Weg.

Aber in Zeiten der SARS-CoV-2 Pandemie, in denen Planungen für Jakobswege auf der iberischen Halbinsel ein gewisses Maß an Hellseher-Qualitäten erfordern, werden solche Wege in Deutschland sicherlich immer interessanter.

16. JULI 2021
ANREISE VON HAMBURG NACH BERLIN

Wie geplant brechen wir am Nachmittag mit dem Auto von Hamburg aus auf, allerdings statt kurz nach 14 Uhr erst gegen 15:40 Uhr. Beinahe hätte ich vergessen, noch das bereit liegende Bargeld, die SD-Speicherkarte für die Spiegelreflex-Kamera und das SD-Kartenlesegerät einzupacken.

Wie zu befürchten war, ist die Autobahn auch nicht gänzlich frei, aber wir kommen alles in allem trotzdem gut durch und gegen 18:25 Uhr in Bad Wilsnack an. Unglücklicherweise – und gänzlich im Gegensatz zu den Wetterprognosen – beginnt es jedoch rund eine Viertelstunde vor unserem Ziel heftig zu regnen. Es soll bis zum Ende der einzige Regen dieser Reise sein, aber das ahnen wir noch nicht. Wir beschließen, das Auto doch nicht in der Nähe unseres Hotels am Ende unserer Pilgerreise abzustellen, sondern auf einem der Park & Ride Plätze direkt neben dem Bahnhof.

So müssen wir uns nur gut 100 Meter durch den gerade nachlassenden Regen zum Bahnhof durchkämpfen.

Unser Zug um 19:11 Uhr ist pünktlich. Für Kito ist es die erste Zugfahrt, jedenfalls seit er am 1. Mai zu uns gekommen ist. Er benimmt sich sehr anständig, auch wenn er den Schaffner, der unsere Fahrkarten kontrolliert und abknipst, leise anknurrt. In Spandau müssen wir umsteigen. Für das letzte Stück bis Berlin Hauptbahnhof nehmen wir dann den nächstbesten Zug, in diesem Fall einen ICE. Schließlich bringt uns die S-Bahn der legendären BVG zum Bahnhof Alexanderplatz.

Jetzt ist es nur noch ein Katzensprung von 600-700 Metern zum B & B Hotel Alexanderplatz, wo wir kurz nach 21 Uhr unser vorab reserviertes Zimmer beziehen. Der Zimmerpreis hat sich übrigens von 53,00 auf 52,50 € verringert. Allerdings kommen nun 12 € für Kito dazu.

Da wir noch Hunger haben, ziehen wir gegen halb zehn noch einmal los. Von den beiden Berliner kulinarischen Highlights – Currywurst und Döner – steht uns der Sinn nach letzterem.

Diesmal gehen wir durch die Littenstraße, benannt nach *Hans Litten*, einem Rechtsanwalt, der Anfang der 1930er Jahre NS-Verfolgte vor Gericht vertrat. Dabei hatte er 1931 bei einem Prozess Adolf Hitler selbst als Zeugen vorgeladen und dabei derart in die Enge getrieben, dass er sich damit Hitlers persönliche Feindschaft erwarb. Diese wiederum brachte ihn nach dem Reichstagsbrand in „Schutzhaft" und in diverse Zuchthäuser und Konzentrationslager. Nach jahrelanger Folter nahm er sich dann am 5. Februar 1938 im KZ Dachau selbst das Leben.

Als wir auf dem Weg zum Alexanderplatz die Rathauspassage durchqueren wollen, treten zwei Security-Leute auf uns zu, und einer der beiden erklärt uns, hier seien Hunde nicht erlaubt. Er hat aber auch gleich eine Lösung parat: **„Nehmen Sie ihn einfach auf den Arm. Dann denk ich, er wäre eine Handtasche."** Gesagt – getan…

Direkt an der S-Bahn finden wir einen Döner-Laden, wo wir zwei Big Döner für je 5,50 € kaufen, die wir wenig später auf unserem Hotelzimmer mit Genuss verzehren.

Inzwischen ist es fast 23 Uhr. Wir sichten beide noch mal kurz unsere Maileingänge und facebook-Accounts und befinden uns wenig später im Tiefschlaf.

Erkenntnis des Tages: Kito geht auch als Handtasche durch!

17. JULI 2021
VON BERLIN ÜBER HENNIGSDORF NACH BÖTZOW

Gegen acht Uhr ziehen Christine und Kito los, damit der kleine Hund seine „PuKa"-Runde (Puller-/Kack-Runde) absolvieren kann. Als Christine unterwegs ein Café sichtet, bindet sie Kito vor selbigem an einen Tisch, während sie drinnen zwei Coffee to go und ein paar Sandwiches kauft.

Da Kito aber wieder einmal Angst hat, Frauchen zu verlieren, zieht er einfach den Tisch hinter sich her, um ihr zu folgen oder sie zumindest weiter sehen zu können. Woraufhin einer der beiden Männer, die gerade die Außen-Tische und -Stühle aufbauen, konstatiert: **„Das ist wirklich ein starker kleiner Hund!"**

Wir lassen uns eine gute Stunde Zeit fürs Frühstück, Morgentoilette, Packen und Aufbruch und verlassen unser Hotel wenige Minuten vor 10 Uhr.

Zunächst fotografiere ich noch die Gedenk-Tafel für Hans Litten, ehe wir ein Reststück der einstigen *Berliner Stadtmauer, Berlins älteste Kneipe „Zur letzten Instanz"* (gegründet 1621), die *Ruine der Franziskaner-Klosterkirche* (einer dreischiffigen Basilika aus dem 14. Jahrhundert) und den *Neptunbrunnen* anschauen, die alle auf unserem 1,3 Kilometer „langen" Anmarsch zum Start unseres Pilgerwegs, der *Marienkirche*, liegen.

Die **Marienkirche** ist geöffnet, und wir können sogar zu dritt, also mit Kito, hinein, wobei der Kleine sich vorbildlich leise verhält. Leider bekommen wir dort aber nicht unseren ersten Pilgerstempel, weil der Verkaufsstand im Kirchenraum nicht besetzt ist.

Wir hätten uns diesen ersten Stempel für unsere Pilgerpässe am besten bereits in unserem Hotel geben lassen sollen, aber da hatten wir noch nicht daran gedacht. Nun versuchen wir halt unser Glück auf den folgenden Kilometern immer wieder in Kneipen, Restaurants, Cafés, Läden und selbst im Museum für deutsche Kunst. Aber entweder gibt es dort überhaupt gar keinen Stempel, oder es hat stets der Chef ihn, und der ist jeweils noch nicht vor Ort.

Marienkirche Berlin-Mitte

Heilig-Geist-Kapelle in Berlin

Die **Heilig-Geist-Kapelle** können wir nur von außen besichtigen, da das Hauptgebäude der Humboldt-Universität, über das sie sonst zugänglich ist, wegen der Pandemie geschlossen ist.

Wir folgen der Wegbeschreibung im Outdoor-Pilgerführer und erreichen über die Anna-Louisa-Karsch-Straße und den Garnisonskirchplatz das Spreeufer. Wir unterqueren dort die S-Bahn, biegen kurz darauf nach rechts in die Monbijoustraße und anschließend nach links in die Oranienburgerstraße, wo es mir schließlich und endlich gelingt, an einer Hotelrezeption unsere Pilgerpässe stempeln zu lassen!

Für Christine ist dieses Viertel eine Art „back to the roots", hat sie hier doch vor vielen Jahren während ihres Pflegestudiums in dieser Gegend gewohnt. So findet sie immer wieder Locations, mit denen sie alte Erinnerungen verbinden.

Am Ende der Oranienburgerstraße biegen wir halbrechts in die Friedrichstraße, die später in die vierspurige Chausseestraße übergeht.

Wir hatten beschlossen, den Pilgerweg Berlin – Wilsnack eben von Berlin aus und zwar auf der „historischen Route" zu gehen, und bleiben daher auf der Chausseestraße, die an diesem Samstagmittag in den Schulferien immerhin wenig Betrieb und Verkehr aufweist.

Der Wegverlauf ist im Pilgerführer sehr präzise beschrieben. Es geht stets geradeaus, wobei die Straße nacheinander halt Chausseestraße, Scharnweberstraße, Seidelstraße, Berliner Straße und Karolinenstraße heißt.

Als wir den Komplex des Bundesnachrichtendienstes passieren, haben wir ein gemeinsames deja-vu an unseren Schlussabschnitt der 100 Kilometer langen Berliner Polarnacht im Januar 2020. Damals hatten wir uns, ja noch vor der Pandemie, in diesem Abschnitt kurz vor dem Ziel verfranst und uns ein paar Extrameter eingehandelt.

Im Wedding kaufen wir uns bei einem der vielen türkischen Obst- und Gemüseläden ein paar Bananen, die wir zusammen mit unseren noch aus Hamburg stammenden Mettwurstbrötchen in einem Hinterhof mit Parkbänken, einer idyllischen Oase der Stille beim *Paul Gerhardt Stift*, verzehren.

Inzwischen ist es ziemlich warm geworden und das Thermometer in der Sonne auf sicherlich mehr als 30 °C angestiegen. So etwas mag und verträgt der kleine Hund ja gar nicht. Wir wechseln daher auf die linke Straßenseite und versuchen, so weit wie möglich im Schatten zu bleiben.

Kurz nach dem Komplex der JVA Tegel und dem der einstigen Borsig-Werke, die beide zu unserer Linken liegen, nutzen wir einen REWE-Laden auf der rechten Seite, um unsere Getränke-Vorräte wieder aufzustocken.

Da der GPS-Track, den Christine aus dem Web auf ihr Navi geladen hatte, anzeigt, dass wir uns zu weit links (westlich des Tracks) befinden, weichen wir kurz vor dem Tegeler Forst nach rechts (Osten) aus, wo wir den Radweg neben einer Autobahnabfahrt einschlagen.

Tatsächlich hätten wir lieber der Pilgerführer-Beschreibung folgen sollen. Dann wären wir nämlich zügiger auf die Ruppiner Chaussee gelangt, die uns nun auf einem sehr holprigen Fuß-/Radweg nach **Heiligensee** bringt. So aber wird es ein wenig komplizierter

Hier in Heiligensee entdecken wir in einem Vorgarten einen Koi-Teich mit einer nach oben geschlossenen Wassersäule, in dem sich rund ein Dutzend Kois im offenbar auch wärmeren Milieu sonnen.

Da Kito die Wärme immer mehr zusetzt, machen wir im Schatten des ehemaligen Bahnhofs *„Schulzendorf b. Tegel"* eine Rast. Wenige Meter davor finden wir einen PENNY-Markt, in dem ich zwei große, kalte Café Latte, neue Getränke sowie eine Box mit sechs Cornettos kaufe.

So etwas mag Kito! Mit Hingabe zerlegt er sein Cornetto, wobei er es mit der rechten Pfote geschickt festhält. Später bekommt er noch die Waffelstümpfe zweier weiterer Cornettos, so dass er am Ende etwa 1 ½ Cornettos gegessen hat, Christine 2 und ich 2 ½.

Nachdem der kleine Hund zudem getrunken hat, geht es ihm wieder richtig gut!

Die Strecke führt weiterhin immer geradeaus, heißt nun Ruppiner Chaussee und mündet, nachdem wir ein Stück dem Berliner Mauerweg gefolgt sind, an einem Kreisverkehr halblinks in die Ruppiner Straße. Wir überqueren die Havel und erreichen endlich **Hennigsdorf**.

Ruppiner Chaussee bei Hennigsdorf

Hier biegen wir nach links in die Hauptstraße ab und sofort wieder nach rechts – zwischen dem **Alten Rathaus** und der kleinen **Dorfkirche** – in die Straße Am Rathaus. Nachdem wir die S-Bahn unterquert haben, erreichen wir den **Bahnhof Hennigsdorf**, der sicher für die meisten Pilger der eigentliche Startpunkt ist.

Und erst ab hier finden wir auch überhaupt die typischen **Pilgerwegzeichen** mit den drei orangenfarbenen Hostien!

Ehrlich gesagt: Wer den Pilgerweg Berlin – Wilsnack nicht unbedingt ab Berlin gehen will, ist gut beraten, wirklich erst in Hennigsdorf zu starten (oder den im Pilgerführer angebotenen Alternativweg auszuprobieren)!

Am hier ist der Weg gut markiert, schön und ländlich ruhig. Vor allem führt er wieder durch Wald und Feld, was uns allen dreien sehr gefällt. Unterwegs sehen wir einen Viertelmeilenstein und einen viel größeren Meilenstein der einstigen Preußischen Post, gehen wir doch schließlich nun auf der alten Poststraße von Berlin nach Hamburg.

Unmittelbar vor der L20 macht der Weg einen großen Schlenker gen Westen, obgleich wir nach Ostnordost wollen. Aber es gibt halt auch keine andere Option. Als wir endlich auf der L20 bzw. ihrem

Fuß/Radweg ankommen, zeigt der Wegweiser noch 1,2 Kilometer bis nach **Bötzow** an, Christines Track indessen noch 3,8 Kilometer bis zu unserem Quartier ebendort.

Meilenstein der Alten Poststraße

An der Kreuzung Treffpunkt 28 verlassen wir für heute den hier nach links abknickenden Pilgerweg und ziehen geradeaus gen Norden durch Bötzow. Nach meiner Hochrechnung werden wir kurz vor 19 Uhr im Quartier ankommen, was ich auch bereits von Hennigsdorf aus unserer Gastgeberin, Frau Kuhl, auf ihren Anrufbeantworter gesprochen habe.

Allerdings erreichen wir unterwegs um 18:40 Uhr den Netto-Supermarkt direkt an unserer Straße, und obgleich er noch bis 21 Uhr geöffnet hat, beschließen wir, sofort und auf der Stelle hier für heute Abend und morgen einzukaufen.

Während Kito (in Christines Beisein) meinen Rucksack neben dem Eingang bewacht, erstehe ich in den nächsten 15 Minuten 3 Liter Getränke, 0,75 Liter Trinkjoghurt, zwei kleine Flaschen Rotwein, Brötchen und Salami sowie für Kito ein paar Putenstreifen.

Zwischen Supermarkt und Unterkunft stoßen wir auch noch auf ein Steakhaus, das sogar geöffnet hat, das uns aber in Anbetracht unserer neuen Lebensmittel nun nicht mehr reizt.

Gegen 19:15 Uhr erreichen wir drei unser Tagesziel, wo uns unsere Gastgeberin *Diana Kuhl* schon erwartet. Sie zeigt uns ihr Gartenhäuschen, was eher ein idyllisch und ruhig gelegenes Gartenhaus hinten rechts in ihrem Garten ist.

Über einen Vorflur gelangt man in den Flur, der auch als Küche dient. Hier gibt es mehrere Schränke mit Geschirr und Besteck, einen gut sortierten Kühlschrank mit jeder Menge kalter Getränke. Als nächstes passiert man das kleine, tipptopp saubere Badezimmer mit Toilette, Dusche und Waschbecken. Und schließlich gibt es noch das geräumige und gemütliche Wohn-/Schlafzimmer mit einem kleinen Schreibtisch, einer Couch, zwei Sesseln, einem tollen Bücherschrank und zwei Einzelbetten.

Vor dem Gartenhaus laden ein kleiner runder Tisch und ein paar Stühle zum Abendessen im Freien ein, wobei der kleine Hund als Erster versorgt wird. Wie stets hat er aber seine heute reichlichere Tagesration – als „Schlingfresser", der er nun einmal ist – in wenigen Sekunden verputzt und versucht er nun, von unserem Essen etwas abzustauben.

Ganz unter uns (aber nicht weitersagen!): Von mir bekommt er zwei Scheiben Salami ab.

Der Mücken wegen verlagern wir unseren Aufenthalt bald ins Gartenhaus, brechen aber gegen 22 Uhr noch einmal zu einer kleinen Hunderunde auf. Wir gehen bis zum Ende unserer Straße „Alter Lindenweg", wo wir einem abenteuerlichen schmalen Waldpfad und anschließend nach links einem Feldweg zwischen Wald und Feldern folgen. An der Marwitzer Straße biegen wir nach links in die Bergstraße und gelangen nach insgesamt 1,9 Kilometern wieder zurück zu unserem Quartier, wo Kito sich, nachdem Frauchen zu Bett gegangen ist, „ihren" Sessel als Schlafplatz gönnt. Gegen den kann seine eigene Schlafdecke, die Frauchen extra für ihn mitgeschleppt hat und die ihm in Berlin etwas heimatlichen Geruch und Sicherheit gegeben hat, diesmal nicht mithalten.

Der Kleine hatte bereits direkt nach unserer Ankunft noch neben dem Gartentisch selig geschlafen und außerdem fast die gesamte Zeit bis zu unserem Abendspaziergang. Er muss also rechtschaffen müde sein. Morgen früh wird er aber sicher wieder topfit und frisch sein!

Tages-Kilometer: 33,5 km (statt 1,3 km Auftakt + 27 km + 2 km in Bötzow = 30,3 km)

Abendrunde: 1,9 km

Erkenntnisse des Tages: Kito ist ein „starker kleiner Hund" und ein sehr versierter Eis-Esser! Und wer nicht unbedingt die komplette Distanz von Berlin nach Wilsnack gehen will, sollte ohne Reue in Hennigsdorf starten.

18. JULI 2021
VON BÖTZOW NACH FLATOW

In dieser Nacht schlafen wir alle drei tief und fest, und obgleich ich nach meinen Aufzeichnungen der Erlebnisse und Eindrücke der ersten beiden Tage und nach einer schönen ausgiebigen Dusche erst gegen 0:40 Uhr zu Bett gehe, bin ich am Morgen frisch und ausgeruht.

Mit Kito benötigt man gleichwohl keinen Wecker. Er ist wie stets morgens als erster von uns dreien wach, und bereits um sieben Uhr sind Frauchen und er auf einer ersten kleinen Hunde-Runde.

Um 8:30 Uhr erscheint Frau Kuhl, um uns auf dem Gartentisch unser Frühstück aufzubauen: Es ist wirklich toll und reichhaltig: Außer Kaffee (in Bunzlauer Tassen), fünf Brötchen, Butter, Wurst (Pfeffersalami & gekochter Schinken), Käse (Schnittkäse, Kräuterstreichkäse sowie Camembert) und Marmelade (Johannisbeergelee & Blaubeermarmelade) gibt es halbierte gekochte Eier, Tomaten und Joghurt. Alles ist sehr lecker, und so frühstücken wir mit Genuss und länger als geplant. Der kleine Hund erweist sich dabei als Spezialist für fast leere Joghurtbecher.

Das Packen scheint ihm indessen weniger zu gefallen. Aber wir müssen ja irgendwann aufbrechen und weiter pilgern.

Kurz nach 10 Uhr sind wir – nach einem letzten netten Plausch mit Frau Kuhl – wieder unterwegs. Zunächst gehen wir die knapp zwei Kilometer durch den Ort zurück zum „Knotenpunkt 28", an dem wir den Pilgerweg am Vorabend verließen. Dabei passieren wir erneut das Steakhaus und den Netto-Markt, die beide am Sonntagmorgen natürlich geschlossen sind. Immerhin hat aber der Bäcker direkt neben dem Supermarkteingang geöffnet und bietet frisches Backwerk und Kaffee an. Hier hätten wir auch frühstücken können, falls wir dies nicht bereits so ergiebig bei Frau Kuhl gemacht hätten.

Wieder zurück auf dem Pilgerweg, erreichen wir nach 300 Metern in der Straße Dorfaue die aus Feldsteinen errichtete Dorfkirche, deren Turm aus dem Jahr 1429 datiert, die aber selbst älter ist, wie die gotischen Fresken im Inneren nahelegen.

Die Kirche ist jedoch leider abgeschlossen. Da uns Frau Kuhl indessen eine Innenbesichtigung unbedingt empfohlen hat und wir von ihr wissen, dass der Schlüssel zur Kirche nebenan im Pfarrhaus ist, klingele ich bei Pfarrer und Familie Albroscheit. Der Pfarrer selbst ist leider nicht zu Hause, aber seine Frau holt sogleich den riesigen Kirchenschlüssel und schließt uns den Eingang auf der Turmseite auf.

Die Fresken – auf der Nordwand des Chorraums eine Marienkrönung und auf der gegenüber liegenden Südwand Reste einer Kreuzigungsgruppe – sind wirklich eindrucksvoll. Auch die Orgel von 1743 aus der Werkstatt des renommierten brandenburgischen Orgelbauers Joachim Wagner findet Christines besonderes Interesse.

Der Schlüssel der Dorfkirche Bötzow hat kein Hosentaschen-Format.

Nachdem wir den Kirchenschlüssel zurückgebracht haben, durchqueren wir den alten Ortskern Bötzows. **Bötzow** wurde übrigens um 1200 gegründet und hieß bis 1694 – also auch während der gesamten Blütezeit des Pilgerwegs von Berlin nach Wilsnack – **Cotzebant**.

Heutzutage ist Bötzow vor allem als Ort mit mehr als 300 Pferden bekannt. Wir sehen mehrmals Hinweise auf Reitställe und Pferdepensionen und vor allem außerhalb des Orts jede Menge Pferde auf den Weiden beidseits der Straße.

Der Pilgerweg und die Dorfstraße machen einen Bogen nach rechts und gleich wieder nach links, und kurz darauf haben wir den Ort bereits wieder verlassen und befinden uns auf der Landstraße, der wir bis zum „Knotenpunkt 29" etwa 600 Meter folgen. An dieser Stelle haben wir die Alte Hamburger Poststraße wieder erreicht, in die wir nach rechts abbiegen.

Christine und Kito neben der Dorfkirche Bötzow

Nach einem ersten Wegabschnitt im „traditionellen" DDR-Betonplatten-Stil wechselt der Untergrund zunächst zu schwarzem Split und schließlich zu angenehm zu gehendem Waldweg.

Hier im **Forst Krämer** ist es schön schattig oder zumindest halbschattig, was vor allem für Kito gut und wertvoll ist.

Anstatt nun insgesamt etwa 12 km nur geradeaus zu gehen, beschließen wir, bei einer Schutzhütte mit Tischen und Bänken rechts abzubiegen und das im Outdoor-Pilgerführer beschriebene **Gasthaus Waldhaus zur Saubucht** zu suchen, das die einzige Einkehrmöglichkeit bis Linum sein soll.

Das Gasthaus ist allerdings ohne irgendwelche Hinweisschilder vom Pilgerweg nach dort nicht so leicht zu finden. Wir schaffen die 1,9 Kilometer dorthin dennoch dank Google Earth mit nur 400 Metern Umweg. Unterwegs sehen wir eine Blindschleiche, die mitten auf unserem Weg liegt und sich totstellt. Möglicherweise hat sie keinen interessanten Geruch. Jedenfalls ignoriert Kito sie völlig.

Allerdings ist an der Saubucht nicht nur der Parkplatz voller Autos, sondern sind auch alle Tische besetzt oder wenigstens reserviert, so dass wir zügig weiterziehen.

Kito genießt unsere Pausen.

Nach einem Kilometer sandigem Waldweg sind wir wieder auf der **Alten Hamburger Poststraße** und damit auf dem korrekten Verlauf unseres Pilgerwegs und erreichen kurz darauf einen weiteren Preußischen Postmeilenstein.

Nach einer genauen Vermessung 1800/1801 waren nämlich in den Folgejahren auf allen preußischen Poststraßen und -Wegen unterschiedlich hohe Ganz-, Halb- und Viertelmeilensteine aufgestellt worden. Diese dienten nicht nur den Kutschern und Passagieren als Orientierung, sondern auch der Gebühren-Berechnung der Post- und Personenbeförderung. Der Hauptpostkurs Berlin – Hamburg, auf dem wir gerade gehen, war 1803/1804 mit diesen Steinen erschlossen worden, wobei die Gesamtdistanz 38 preußische Meilen zu je 7,532485 km **betrug. 2018 wurden die Originale durch Replikate aus Beton fachger**echt an historisch korrekte Stelle ersetzt und vervollständigt.

Bis zum **Ziegenkrug**, einer Waldlichtung, die wir kurz darauf erreichen, sind es ab Berlin 4 Meilen und demnach bis Hamburg noch 34

Meilen. Hier stand bis zum Abriss in den 1960er Jahren ein charakteristisches Backsteingebäude mit Vorbau, das in seiner langen Geschichte als Wirts-, Post- und Forsthaus sowie als Herberge diente.

Entfernungsangaben in Preußischen Meilen zu je 7,532485 km

Alte Hamburger Poststraße im Forst Krämer

Bis zum **Ziegenkrug,** einer Waldlichtung, die wir kurz darauf erreichen, sind es ab Berlin 4 Meilen und demnach bis Hamburg noch 34 Meilen. Hier stand bis zum Abriss in den 1960er Jahren ein charakteristisches
Backsteingebäude mit Vorbau, das in seiner langen Geschichte nacheinander als Wirts-, Post- und Forsthaus sowie als Herberge diente.

Bis auf eine Informationstafel erinnert auf dieser hübschen Lichtung
mit mehreren grob gezimmerten Holztischen und -bänken nichts mehr
an frühe Nutzung oder Bebauung.

Wir essen ein paar Brötchen, versorgen natürlich auch den Hund or-
dentlich und ziehen weiter auf dem Alten Hamburger Postweg durch
den Krämer, wie dieser große Wald heißt.

Kurz nach dem 4 ½ Meilen-Stein erreichen wir den Abzweig zum
Forsthaus „Krämerpfuhl", das wir aber rechts liegen lassen. Stattdessen
überqueren wir die kleine Straße und gehen am Knotenpunkt 20 vorbei
geradeaus in Richtung Kremmen.

Während sich der Pilgerweg durch den wunderschönen Kiefernwald
schlängelt, dringt immer wieder Volksfestmusik zu uns herüber. Sie
kommt, wie wir von einer Mountainbikerin erfahren, aus dem sechs Kilometer entfernten *Grünefeld.*

Kito liebt es, über diese Holzstapel zu klettern.

Wir überqueren auf einer Brücke die Autobahn A10, dicht südlich des Abzweigs der A24 nach Hamburg. Bis dahin sind wir zweifellos perfekt auf Kurs.

Da unser Pilgerführer mehrfach betont, dass wir auf die Wegmarkierungen achten sollen, folgen wir genau diesem Rat und finden uns irgendwann plötzlich – trotz klarer und eindeutiger sowie sogar neuer Markierungen – nicht mehr auf Christines Track.

Wir folgen aber dennoch weiterhin den deutlichen Wegzeichen vor uns, durchqueren eine hübsche Heidelandschaft und erreichen plötzlich **Tietzow**, einen Nachbarort Flatows.

Das bedeutet, dass wir uns auf einer im Pilgerführer beschriebenen Streckenvariante bewegt haben. Vorteil dieses kleinen Umwegs aber ist, dass wir nun direkt neben dem Pilgerweg das **Hotel Restaurant Helenenhof** erreichen. Der Name dieses Familienbetriebs stammt übrigens von der Gründerin, die mit Vornamen eben Helene hieß.

Christine überzeugt mich, dass sie im Gartenlokal unbedingt einige Kugeln Eis essen und einen Kaffee trinken will. Stattdessen bestellen wir beide jeweils ein Schnitzel mit sehr leckeren Bratkartoffeln, sie dazu

Mineralwasser und eine Kalte Ente und ich einen halben Liter alkohol-
freies Hefeweizen.

auf eindeutig und klar markierte „Abwegen"

Christine versteckt sich im Helenenhof hinter ihrem Pilgerpass.

Hier im Schatten ist es – gegen 17 Uhr – übrigens „nur" noch 28 °C warm. Kito liegt unter unserem Tisch und schläft während unserer gesamten Pause. So kommt er nicht einmal dazu zu betteln.

Direkt neben dem Lokal biegen wir anschließend rechts in die Alte Flatower Straße ab. Sie verlässt Tietzow nach wenigen hundert Metern und führt zwischen Wiesen und Weiden hindurch direkt zum Ortseingang Flatow.

Wir überqueren die A24 auf einer Fußgängerbrücke, die einst für die Tietzower Schüler erbaut wurde, die in Flatow zur Schule gingen. Obgleich es diese Schule längst nicht mehr gibt, wurde die Brücke bei der Verbreiterung der A24 vor einigen Jahren aus Gründen des Bestandsschutzes durch einen Neubau ersetzt.

In **Flatow** ist es nicht schwer, die Kirche zu finden. Als wir dort eintreffen, rufen wir *Lutz Kowalke* an, den Vorsitzenden des Kirchengemeinderats, der auch für den Kirchenschlüssel und die Pilgerunterkunft im Gemeindesaal nebenan zuständig ist.

Bis zu seinem Eintreffen etwa zwanzig Minuten später ruhen wir drei uns im schattigen Gras neben der Kirche aus.

Während Christine und Kito weiter im Gras rasten, zeigt Herr Kowalke mir schnell noch die Kirche von außen und innen.

Christine und Kito neben der Flatower Kirche

Flatow wurde 1355 erstmals urkundlich erwähnt und befand sich bereits damals im Besitz der *Familie von Bredow*. 1472 wurde dann unter *Matthias von Bredow* die Kirche erbaut, und zwar als rechteckige Saalkirche mit Mischmauerwerk aus Ziegeln und Feldsteinen. Die heutige Kreuzform der Kirche ist jünger und entstand durch spätere nördliche und südliche Anbauten. Der Westturm erhielt erst Ende des 19. Jahrhunderts seine neugotische Gestalt. Bemerkenswert ist die (rückwärtige) Ostfront der Kirche: Sie ist als spätgotischer Staffelgiebel mit Lanzettblenden ausgeführt und eindeutig das Highlight des Kirchenäußeren.

Unter dem Kanzelaltar von 1711, dessen Kanzelkorb von gewundenen Säulen umrahmt ist, bzw. unter dem Altarraum befindet sich die (nicht zugängliche) Gruft der einstigen Patronatsfamilie von Bredow.

Der Innenraum der Kirche wurde in den letzten Jahren hervorragend restauriert. Dies schließt auch die Kirchenfenster ein, die teilweise mit Glas alter Machart neu ausgestattet wurden, wobei die Namen der Großspender in einigen dieser Fenster eingraviert sind.

Interessant sind auch zwei Besonderheiten, die mir bislang noch nirgendwo aufgefallen sind:

Zum einen finden sich in den Backsteinen rechts und links des Kirchenportals runde Vertiefungen bzw. Löcher. Hier wurde in Notzeiten von Gemeindemitgliedern mit Münzen staubfeines Material herausgedreht, das, bei Hunger oder Krankheit als Tee getrunken, helfen sollte.

Zum zweiten stehen an der Straßenfront des Kirchenareals zwei schlanke Gebäude. Das (von der Kirche aus) rechte beinhaltete ein kleines **Leichenhaus** und das alte, erste **Feuerwehrgerätehaus**, während das andere der **Standort des Nachtwächters** und das **Dorfgefängnis** war.

Im Gemeindehaus auf dem Nachbargrundstück zur Kirche stehen uns links im Erdgeschoss ein großer Küchenraum und ein kleines Bad mit WC und Waschbecken (aber ohne Dusche) und rechts ein Sitzungssaal und dahinter ein kleinerer Raum mit zwei Klappbetten und kuscheligem Bettzeug zur Verfügung. Wie in Bötzow sind wir die einzigen Gäste, was für Kito sehr beruhigend ist.

Wir bauen unser „Büro" im Sitzungssaal auf, trinken Tee, und während Christine liest, tippe ich meinen Tagesbericht in den Laptop.

Gegen 22 Uhr gehen wir noch eine Hunderunde mit Kito und erkunden dabei auch Flatows „**Kiez**". So heißt tatsächlich eine Straße hier. Und gegen 23:30 Uhr ist dann auch „Büroschluss" und Nachtruhe angesagt.

Tages-Kilometer: 25,9 km (inklusive Abstecher zum Gasthaus Saubucht und nach Tietzow, wobei sich letzterer unbedingt lohnt)

Abendrunde: 1,53 km

Erkenntnis des Tages: Manchmal ist es ganz gut, auf Umwegen zum Ziel zu gelangen!

19. JULI 2021
VON FLATOW NACH PROTZEN

Leider hat die Bäckerei Guse schräg gegenüber nicht – wie im Cut-door-Pilgerführer beschrieben – am Montag bis 9 Uhr auf, sondern nur dienstags bis samstags ab 7 Uhr. So begnügen wir uns mit zwei Bechern Cappuccino im Gemeindehaus (Wasserkocher und Portionsbeutel gehören schließlich zur Ausstattung unserer Unterkunft!) und brechen eine Stunde früher als am Vortag, also gegen 9 Uhr, auf. Acht Uhr zu starten, wie geplant, gelingt uns halt doch nicht.

Apfelallee mit Wegmarkierung

Wir pilgern die Hauptstraße gen Norden und biegen nach 350 Metern halblinks in die **Apfelallee** ein, wie die **Alte Hamburger Poststraße** hier zunächst heißt. Etwa 1,3 Kilometer, nachdem wir Flatow verlassen haben, stoßen wir auf eine schmale Asphaltstraße, der wir nach schräg rechts folgen und die uns 900 Meter später zur L16 bringt.

Die nächsten 2,8 Kilometer entlang der zwar sehr gut ausgebauten Landesstraße nerven uns, vor allem den kleinen Hund, sehr: Der

Autoverkehr mit PKWs und LKWs ist recht dicht, die Fahrzeuge recht schnell und die Abstände recht knapp! Einen Fuß-/Radweg gibt es nicht. Also gehen wir auf dem äußersten linken Rand gegen den Verkehr und führen Kito extrem links, wobei wir ihn sogar doppelt an der Leine haben: einer von uns mit der festen, der andere mit der Flexileine.

Als wir endlich **Linum**, auch bekannt als Storchendorf, erreichen, wechseln wir sofort auf den Fuß-/Radweg rechts der Straße, wo wir Kito auch wieder mehr Bewegungsfreiheit geben können.

Die alte **Linumer Dorfkirche** mit ihrem spätgotischen Staffelgiebel der Chorseite, auf welchem ein Storchennest thront, ist nicht zu übersehen. Da sie uns von Herrn Kowalke empfohlen worden war, klopfen wir am ersten Fenster der Pfarrhaus-Rückseite, woraufhin nach einiger Zeit **Schwester Anneliese** erscheint, um uns die Kirche aufzuschließen.

Schwester Anneliese lebt seit Urzeiten im alten Pfarrhaus. Während die Zugvögel und die Touristen kommen und gehen und sich im Ort so manches verändert hat, ist sie die Konstante in Linum, ist sie weiterhin und unverändert da und zeigt den Pilgern und anderen Besuchern bereitwillig „ihre" Kirche. Ihr Alter – gemeint ist Schwester Anneliese und nicht die Kirche – wirkt fast biblisch und ist schwer zu schätzen.

Linumer Dorfkirche, Ziergiebel

Linumer Dorfkirche, Ansicht von der Dorfstraße

Sie schließt uns die Kirche auf und erklärt uns ausführlich deren Geschichte. Ursprünglich sind bei der im 14./15. Jahrhundert errichteten Feldsteinkirche Westturm, Kirchenraum und Chor gleich schmal gewesen. Als dann aber während der Blüte des Torfabbaus im Linumer Luch in der Mitte des 19. Jahrhunderts die Gemeinde auf die dreifache Größe angewachsen war, habe man die gesamte Kirche abreißen und neu erbauen wollen. König Wilhelm, dem ein Teil Linums als Domäne gehörte, habe jedoch verfügt, dass nur das Kirchenschiff in der Mitte verbreitert werden durfte, während Turm und Chor mit dem gotischen Staffelgiebel unverändert bleiben mussten. Immerhin wurde der Turm aufgestockt. Seitdem ziert übrigens eine Königskrone die Linumer Kirchturmspitze.

Auch die Zerstörungen kurz vor Kriegsende beschreibt Schwester Anneliese sehr anschaulich, als habe sie sie – 76 Jahre später – immer noch vor Augen. Erst 1953 habe man mit dem Wiederaufbau beziehungsweise der Beseitigung dieser massiven Kriegsschäden beginnen können.

Die Wartezeit auf Schwester Anneliese und ihre Kirchenführung haben uns rund 50 Minuten gekostet, aber Christine und ich sind uns einig, dass die Kirche, vor allem aber diese Gemeindeschwester selbst, diese Zeit mehr als wert war. Kito, der währenddessen draußen an unseren

39

Rucksäcken angebunden war und diese bewachen musste, mag dies anders gesehen haben…

Wir pilgern langsam weiter durch das Storchendorf Linum. Auch hier ist die Bäckerei geschlossen, ebenso wie alle anderen Läden, und in den Restaurants ist Kito nicht erwünscht. Also ziehen wir so weiter.

Als der markierte Pilgerweg kurz vor dem Ortsende Linums nach rechts ins Linumer Luch abbiegt, bleiben wir bewusst weitere drei Kilometer auf der L16. Der Autoverkehr nervt uns zwar weiterhin, aber wir haben beschlossen, uns das nahe gelegene **Schlachtfeld der „Schlacht bei Fehrbellin" vom 28. Juni 1675** anzusehen, die in Wirklichkeit südlich unseres nächsten Ortes, nämlich Hakenbergs, stattfand und Brandenburg-Preußens Aufstieg zur Großmacht einleitete. Der Weg dorthin über die Landesstraße 16 verkürzt diesen Abstecher dorthin deutlich.

Auf halbem Weg zum *„Kleinen Denkmal"* will dicht vor uns ein Rehbock die Straße queren, der uns, da der Wind von vorn kommt, erst bemerkt, als Kito anschlägt. Da aber dreht er blitzschnell um und verschwindet in großen Sätzen im hohen Getreidefeld.

Beim *„***Kleinen Denkmal***"*, erbaut 1800 durch *Friedrich Eberhard von Rochow* an der Stelle, an der damals die brandenburgischen Dragoner die schwedischen Kampflinien durchbrachen, biegen wir von der Landstraße nach links in die 787 Meter lange, imposante und breite **Allee zur Siegessäule**, dem *„***Großen Denkmal***"* ein. Diese 1878 angelegte Allee aus 140 Linden- und Ahornbäumen folgt der damaligen Frontlinie des 28. Juni 1675, während die Siegessäule am Ort der damaligen brandenburgisch-preußischen Geschützstellung steht.

Da wir an diesem Tag ja bisher immer noch nichts gegessen haben, hoffen wir, dass das *Restaurant Waldhaus am Denkmal*, wie im Outdoor-Pilgerführer angegeben, tatsächlich täglich ab 11:30 Uhr geöffnet ist, doch diese Hoffnung erfüllt sich leider nicht.

Wie auch sonst häufig, haben sich die Öffnungszeiten geändert. In diesem Fall ist das Restaurant leider nur noch am Wochenende geöffnet.

Während Christine und der kleine Pilger-Hund sich auf einer Bank am Fuße des Großen Denkmals niederlassen, erklimme ich die 114 Stufen im Inneren der 1878/1879 errichteten *Siegessäule*. Vom Umlauf aus hat man einen weiten Blick über die flache Landschaft, vor allem aber auf Kito und Christine, die fast 25 Meter unter mir sitzen und ganz klein wirken.

Allee zur Siegessäule

Kito ist übrigens irritiert, als er zwar meine Stimme hört und erkennt, mich aber nirgendwo sehen kann. So weit nach oben schaut er nicht.

Über mir befindet sich nur noch die auf einem Sandsteinsockel stehende 4,15 Meter hohe und 15,5 Tonnen schwere vergoldete Bronzestatue der Siegesgöttin Victoria.

Ansonsten erwähnenswert und sehenswert ist eine übergroße Blendnische im Sockelgeschoss des Großen Denkmals mit einer kolossalen **Marmorbüste Friedrich Wilhelms**, der ab dieser gewonnenen Schlacht gegen die bis dato als unbesiegbar geltenden Schweden den Beinamen *„Großer Kurfürst"* trug.

Die Schlacht war an sich eigentlich keine allzu große, auch wenn sie später ungeahnte Bedeutung gewann und, wie bereits erwähnt, den Aufstieg Brandenburg-Preußens zur europäischen Großmacht einleitete.

Historischer Hintergrund war der so genannte *Holländische Krieg des Heiligen Römischen Reichs Deutscher Nation gegen Frankreich,* an dem sich auch ein 20.000 Mann starkes brandenburgisches Heer unter Kurfürst Friedrich Wilhelm beteiligte. Schweden, traditioneller Verbündeter Frankreichs, besetzte daraufhin, von Schwedisch-Pommern aus kommend, vom 26. Dezember 1874 bis Ende Juni 1875 die militärisch entblößte und damit ungesicherte Mark Brandenburg, was den

brandenburgischen Kurfürsten zwang, eiligst von den Franzosen abzu-
lassen und mit seinem Heer vom Oberrhein sowie Elsass nach Brandenburg zurückzukehren.

Der Einmarsch und die Besetzung der Mark 1874/1875 war von den
Schweden primär nicht wirklich als Krieg geplant, sondern mehr als tak-
tisches Manöver. Was sie indessen am wenigsten erwartet hatten, war
die Geschwindigkeit, mit der das brandenburgische Heer aus seinem
Winterquartier über Magdeburg anmarschierte. Dieser überraschend
schnelle Marsch der Brandenburger hatte allerdings den Nachteil, dass
deren Infanterie zwei Tagesmärsche zurücklag, das Haupttheer also le-
diglich aus der Kavallerie mit 5.000 Reitern sowie 600 Dragonern und 13
oder 14 Geschützen bestand.

Die Schweden standen damals entlang der so genannten Havellinie
von Havelberg über Rathenau bis Stadt Brandenburg. Nachdem aber
das brandenburgische Heer unter *Generalfeldmarschall Georg von Der-*
fflinger am 25. Juni 1875 Rathenau eingenommen hatte, waren die
schwedischen Truppenkontingente in Havelberg und in der Stadt Brandenburg plötzlich voneinander getrennt.

Während Schwedens *Feldmarschall Carl Gustav Wrangel* nun vom
unbefestigten Havelberg nach Neustadt aufbrach, sollte das schwedische Haupttheer unter dem Kommando seines Halbbruders *Generalleut-*
nant Wolmar Wrangel über Fehrbellin zu ihm stoßen.

Da die Brandenburger indessen die Rhin-Übergänge bei Fehrbellin,
Kremmen und Oranienburg zerstört hatten (das Rhin-Luch entlang dieses kleinen Flusses ist ein Moorgürtel, durch den es nur diese drei Wege
gibt), mussten sich die Schweden auf ihrem Rückzug nun am 28. Juni
1675 zu einer Entscheidungsschlacht bei Hakenberg stellen. Mit 11.000
bis 12.000 Mann, allerdings nur sieben Geschützen, waren die Schweden
dem brandenburgischen Heer gleichwohl zahlenmäßig deutlich überle-
gen.

Doch als die frühmorgens im Schutz des Nebels auf der Anhöhe der
heutigen Siegessäule in Stellung gebrachte brandenburgische Artillerie
die schwedischen Linien unter Feuer nahm, entwickelte sich die Schlacht
mehr und mehr zu einem verlustreichen Kampf um ebendiese Geschützstellung, bei dem die Brandenburger die schwedischen Reiter in die
Flucht schlugen und das schwedische Infanterieregiment von Dalwig bis

auf 20 Mann völlig aufrieben und vernichteten. Alles in allem verloren die Schweden mehr als 2.000 Mann, einschließlich der Verluste auf dem Rückzug sogar rund doppelt so viele, während die Brandenburger Verluste bei rund 500 Mann lagen. Was aber vor allem zählte, war, dass die brandenburgische Armee sich erstmals allein in einer Schlacht gestellt und dabei das renommierte schwedische Heer entscheidend besiegt und aus der Mark Brandenburg vertrieben hatte.

Doch zurück in die Gegenwart und zum 19. Juli 2021: Während ich mich nun um den kleinen Pilger-Hund kümmere, besteigt nun Christine den Turm. Danach – es ist inzwischen nach 12 Uhr – packen wir unsere Lebensmittelvorräte aus und frühstücken endlich in Ruhe. Auch Kito bekommt seine Ration Hundefutter.

Von der Siegessäule aus gehen wir erneut durch die Allee zurück zum Kleinen Denkmal, biegen dort nach links wieder auf die Landesstraße 16 und 450 Meter weiter dann nach rechts in die Dorfstraße Hakenbergs.

Die Dorfstraße steigt ein wenig an und nach 250 Metern haben wir die **Kirche Hakenberg** erreicht. Sie ist leider zu. Während ich Herrn Knobloch anrufe (033922 50042), der nebenan im Alten Pfarrhaus eine Pension betreibt und den Kirchenschlüssel verwaltet, lassen sich Christine und Kito auf dem Rasen nieder.

Kirche Hakenberg

44

Als Kito, der wie in Linum bei unseren Rucksäcken draußen angebunden wird, wie erwartet protestiert, erlaubt Herr Knobloch uns ausdrücklich, den kleinen vierbeinigen Pilger mit in die kühle Kirche zu nehmen.

Die heutige Kirche Hakenberg ist eine kreuzförmige Saalkirche, die die alte gotische Kirche ersetzt, deren Dach laut Fontane halb eingestürzt war. Sie wurde zum 200. Jubiläum der Schlacht am 18. Juni 1875 feierlich eingeweiht. Von der alten Kirche blieb nur der spätgotische Feldstein-kirchturm erhalten, der beim Kirchenneubau jedoch ein zusätzliches Geschoss mit Pyramidendach und spitzem Helm erhielt.

Kanonenkugeln der Schlacht am 28.6.1675 im Kirchturm Hakenberg

Die Kirche selbst ist ziemlich schlicht und unspektakulär. Dagegen birgt die erste Etage des Turms deutlich Interessanteres: In einer von der

45

alten Kirchentür verschlossenen Wandnische sind rund 30 Kanonenkugeln unterschiedlichsten Kalibers ausgestellt, die die Hakenberger Bauern teils noch Jahrzehnte nach der Schlacht von 1675 aus dem Boden ihrer Felder gepflügt haben. Die schwersten wiegen zirka 20 Nürnberger Pfund.

Jetzt verstehe ich auch, warum zum Tross der damaligen Heereszüge auch diverse schwere Wagen zum Transport der Kanonen- bzw. Musketenkugeln, Lunten etc. gehörten und warum die Erbeutung dieser Wagen immer wieder mit benannt wird.

Außerdem sind hier noch zwei Kirchturmuhrwerke zu bestaunen, die Herr Knobloch selbst wieder instandgesetzt hatte.

Wir verlassen Hakenberg nach Norden und biegen hinter dem **Breiten Graben** auf den dazu gehörigen Treidelweg nach links ab.

Während ich versuche, die durch einige Fotostopps entstandene Lücke zu Christine und Kito zu schließen, geben die beiden so richtig Gas und eilen mir voran. Da ich immer wieder neue Fotomotive finde, dauert es fast einen Kilometer, bis ich beide endlich erreiche.

am Breiten Graben

Kito und der Jungbulle müssen einander die Meinung sagen.

Christine hadert ein wenig mit unserem Tagesfortschritt und Zeit-plan, aber Schwester Anneliese, die Siegessäule und die Hakenberger Kirche haben uns nun einmal Zeit gekostet. Außerdem ist es für Kito und mich schlichtweg zu warm, um schneller zu pilgern.

Nach 2,6 Kilometern überquert der Pilgerweg den Breiten Graben nach links und verzweigt sich dann ohne irgendwelche Markierung. Der rechte Weg bleibt weiter parallel am Breiten Graben und umgeht so das vor uns liegende Dorf **Tarnow**, während der linke Weg direkt nach Tarnow hineinführt. Beide Optionen sind etwa gleich lang.

Wir wählen den linken Weg. Die **Dorfkirche Tarnow** gilt als eine der herausragenden klassizistischen Kirchen Brandenburgs. Auch sie ist ein Neubau, entworfen 1833 von *F. W. E. Jacobi*, einem Mitarbeiter und Schü-ler *Friedrich Karl Schinkels*, und eingeweiht am 3. August 1855. Sie ist eine hübsche, verputzte Saalkirche im Schinkelschen Rundbogenstil mit ei-nem Glockenturm in der Art eines Campanile.

Aus Zeitgründen verzichten wir auf eine Innenbesichtigung, sondern machen nur eine kurze Rast auf dem Friedhof, bei der wir vor allem dem kleinen Hund Wasser anbieten, das er auch sofort wegschlabbert.

Am Ortsausgang Tarnows erreichen wir die Chaussee nach **Fehrbellin**, die einen ziemlich neuen Fuß-/Radweg hat und ganz angenehm zu gehen ist, und 400 Meter später mündet auch die andere Wegvariante auf unseren Weg.

Wir überqueren die Autobahn A24 und erreichen die ersten Häuser Fehrbellins. Recht bald lädt uns der Vorgarten der **Bäckerei Jürgen Soost** (Berliner Allee 3) zu einer Rast ein. Wir genießen den frisch aufgebrühten Kaffee und ein paar Brötchen bzw. Kuchenstücke, während Kito zwischen unseren beiden an den Vorgartenzaun gelehnten Rucksäcken liegt und döst.

Kito liegt ganz entspannt vor der Bäckerei bei unseren Rucksäcken.

Auf dem Weg ins Zentrum Fehrbellins passieren wir linker Hand einen ALDI- und einen LIDL- sowie rechter Hand einen Netto-Markt. Wir müssen zwar noch Lebensmittel kaufen, da es zwischen hier und Wusterhausen keine Einkaufsmöglichkeit gibt, wollen dies aber doch erst am Ortsausgang erledigen.

Als wir an der **Fehrbelliner Stadtkirche** ankommen, hat Christine eine ungute Ahnung, die ihr von zwei Anwohnern sogleich bestätigt wird: Die drei Supermärkte, die wir vor mehr als einem Kilometer hinter

uns gelassen haben, sind die einzigen im ganzen Ort! Weitere Einkaufs-
möglichkeiten am Ortsausgang gibt es nicht.

Fehrbellin

Während Christine – nun ohne ihren Rucksack, den sie bei uns lässt,
– zurückeilt, besichtigen Kito und ich die Stadtkirche und unterhalten
uns anschließend auf der Wiese vor der Kirchentür mit einem Rentner
aus Burgdorf bei Hannover.

Die 1867 geweihte neue Stadtkirche ist ein neugotischer, innen ver-
putzter Saalbau aus Ziegeln mit einer polygonalen Apsis und einem im-
posanten, ebenfalls aus Ziegeln gemauerten Turm. Im Eingangsbereich
liegt ein Pilgerstempel aus, und so stempeln wir unsere Pilgerpässe –
nach Hakenberg heute zum zweiten Mal.

Als Christine wieder bei uns ist, ist Kito glücklich und ziehen wir weiter.

Leider folgen wir weiter der alten und auch sicher historischen Route
der Alten Poststraße über die ziemlich verkehrsreiche Straße, wo wir den
kleinen Pilger-Hund wieder kurz angeleint führen müssen. Hier wären
wir mit dem im Outdoor-Pilgerführer beschriebenen ruhigeren Alternativweg, den wir aber nicht rechtzeitig nachgelesen haben, besser bedient
gewesen.

49

2,8 Kilometer nach der Stadtkirche erreichen wir die Bushaltestelle *„Lentzke, Siedlung"* und biegen nach rechts, also gen Norden, in die Mühlenstraße ein.

Ab jetzt befinden wir uns auf einer ruhigen und sehr verkehrsarmen Nebenstraße, in die nach rund 800 Metern auch die erwähnte ruhigere Streckenvariante einmündet. Wir haben es jetzt gegen Ende dieses langen heißen Tages nicht mehr eilig und gönnen uns und vor allem dem kleinen Hund auf diesen letzten 4,5 Kilometern noch zwei kurze Pausen.

Aber dann haben wir endlich **Protzen** und wenige Meter später auch das Haus von *Christine Dau* erreicht, in dem wir unser Privatzimmer beziehen.

Privatzimmer ist eigentlich eine leichte Untertreibung: Neben dem Wohn-/Schlafraum (die beiden festen Betten stehen an der Wand rechts, der Rest des Zimmers ist Wohnzimmer) gibt es im Flur eine voll eingerichtete Küchenzeile und schließlich ein tolles Badezimmer, in dem sogar eine Waschmaschine steht.

Als wir uns häuslich eingerichtet haben, gehe ich noch einmal alleine raus auf Erkundungstour. Christine hat ja immer noch die spätabendlichen und die frühmorgendlichen Hunderunden mit dem kleinen vierbeinigen Pilger. Aber für die Abendrunde ist es noch zu früh.

Gutshaus in Protzen

Protzen, ein Straßendorf slawischen Ursprungs, wurde 1324 erstmals urkundlich erwähnt. Sehenswert hier sind die spätromanische **Feldsteinkirche** aus dem 13. Jahrhundert mit einem Kanzelaltar von 1778 und einem barocken Taufengel aus vermutlich derselben Zeit sowie das siebenachsige **Gutshaus von 1755**, das von *Franz Ulrich von Kleist* um 1753-55 auf den Kellergewölben eines spätmittelalterlichen Vorgängerbaus errichtet wurde. Hier starb 1767 *Prinz Friedrich Heinrich Karl von Preußen*, der Lieblingsneffe Friedrichs des Großen, an Pocken. Von 1945 bis 1994 Schule und Wohnhaus, wird es gegenwärtig teils als **Dorf-, Torf- und Schulmuseum**, teils auch als Gemeindezentrum und als Standesamt genutzt.

Der ab den 1820er Jahren dazu gehörende **Gutspark** war laut der ausführlichen Beschreibung Protzens durch *Theodor Fontane* einst einer der schönsten Gutsparks der Region. Immerhin hat man ihn nach der Wende wiederhergestellt, auch wenn er heutzutage eher etwas schlicht wirkt.

Die weitere „Sehenswürdigkeit", die ich erkunden will, ist der **Bierkeller**. Er ist die letzte Einkehrmöglichkeit bis Wusterhausen. Laut Outdoor-Führer ist er *„abends ab 19 Uhr"* geöffnet, laut Aushang dagegen nur *„Montag und Freitag ab 19°°"*. Immerhin haben wir ja heute Montag.

Aber ich sehe rasch, dass ich Christine und Kito heute Abend nicht hierherlocken werde.

Als ich gegen 21 Uhr zurück im Quartier bin, geht es mir plötzlich gar nicht mehr gut. Ich friere (obwohl es nicht wirklich kalt ist) und fühle mich von einer Minute auf die nächste müde und kraftlos. Den Versuch, meine Tageserlebnisse und Eindrücke zeitnah in den Laptop zu tippen, breche ich rasch ab. Ich will nur noch eine heiße Dusche und dann ab ins Bett.

Christine hat die plietsche Idee, die Matratzen der beiden Betten nebeneinander auf den Fußboden unseres Zimmers zu legen, so dass wir eine große Liegefläche haben. Dies findet auch Kito prima, denn so kann er sich, was er zu Hause nicht darf, bei uns dazu kuscheln.

Kurz nach 22 Uhr löschen wir bereits das Licht und gehen zu Bett.

Tages-Kilometer: 30,65 km

Abendrunde: 2 km (Solo-Runde in Protzen)

Erkenntnisse des Tages: Die Pandemie hat die ohnehin dünne Infrastruktur entlang unseres Pilgerwegs teilweise auf null reduziert. Und Sonne ist gut, zu viel Sonne jedoch nicht.

20. JULI 2021
VON PROTZEN NACH BARSIKOW

Ich schlafe tief und fest, fühle mich aber dennoch, als die Wecker klingeln, wie gerädert. So ziehen sich das Aufstehen und das gemeinsame Frühstück ziemlich in die Länge, und so ist es bereits nach 10 Uhr, als wir endlich aufbrechen.

Wir gehen noch einmal kurz bis zur Kirche und zum Herrenhaus, weil ich beide noch einmal bei richtig gutem Fotolicht aufnehmen möchte. Dann verlassen wir Protzen und pilgern entlang der mäßig befahrenen Landstraße, der L165, in Richtung Manker.

Während Christine mit Kito zügig, aber nicht wirklich schnell geht, schleiche ich kraftlos hinter beiden her, wobei die Lücke zwischen ihnen und mir immer größer wird. Ab und zu wartet Christine auf mich und lässt mich aufschließen, aber das Procedere wiederholt sich immer wieder aufs Neue.

Manker wurde um 1365 erstmals urkundlich erwähnt, ist ein ähnliches Straßendorf wie Protzen und hatte bei der letzten Zählung im Jahr 2009 321 Einwohner. Außer dem Wohnhaus des ehemaligen **Freiguts** in der Dorfstraße, das mir auffällt, gibt es als einzige Sehenswürdigkeit die **Dorfkirche**. Sie entstand in der zweiten Hälfte des 13. Jahrhunderts und prägt wahrlich das Dorfbild. Im 15. oder frühen 16. Jahrhundert wurde sie gotisch umgestaltet und dann nochmals 1713-1716 verändert.

Christine steuert mit Kito auf die Kirche zu, und ich folge beiden in der Erwartung auf eine erneute Verschnaufpause. Wir legen unsere Rucksäcke ab und umrunden die Kirche, als sich vom Nebenhaus her zwei Kinder, ein Junge und ein Mädchen, nähern und uns fragen, ob wir die Kirche von Innen besichtigen möchten. Es sind die Pfarrerskinder, die uns rasch und gerne aus ihrem Elternhaus den Kirchenschlüssel holen und die schwere Kirchentür aufschließen. Als Christine vorsichtig fragt, ob wir Kito mit hineinnehmen dürfen, antwortet der etwa Zehnjährige mit fester Stimme: **„Hier darf jeder hinein."**

Wenig später taucht dann auch die Mutter der beiden mit dem Kirchenstempel auf und stempelt bereitwillig unsere drei Pilgerpässe.

Dorfkirche Manker

Dorfkirche Manker

Es ist übrigens interessant, dass zwar ab und zu der eine oder andere Stempel-Verwalter stutzt, wenn ich drei statt zwei Pilgerpässe zum

Stempeln vorlege, dass sich aber wirklich niemand daran stößt, dass wir selbstverständlich auch den kleinen Hund als vollwertigen Mitpilger ansehen. Jeder stempelt anstandslos auch den dritten Pilgerpass mit. Das tut ja schließlich auch niemandem weh.

Von der Dorfkirche Manker aus schleppe ich mich noch knapp zwei Kilometer weiter, benötige dann aber mitten zwischen Manker und Garz eine längere Pause.

Zu Kitos Freude legen wir uns vor zwei Häusern alle drei ins halbhohe Gras, wo ich versuche, ein wenig zu schlafen und wieder zu Kräften zu kommen.

Ich habe keine Idee, was meinen rapiden Leistungsverlust ausgelöst hat: Möglicherweise habe ich bei der langen, heißen Etappe des Vortages, bei der ich meine Laufmütze nicht auf dem Kopf, sondern nur am Rucksack trug, zu viel Sonne abbekommen und eine Art Sonnenstich erlitten. Andererseits kann die Rötung (diesmal) an meinem rechten Unterschenkel eine relevante Weichteilentzündung sein.

Ich versuche mehr zu trinken, kann aber ansonsten keine weiteren Maßnahmen einleiten. Als mein Körper mehr und mehr zur Ruhe kommt, beginne ich, im Schatten und auf dem leicht feuchten Wiesenboden, vor allem aber im leichten Wind zu frieren. Ich ziehe meinen gelben Regenponcho als Windschutz über, und Christine deckt meine halbnackten Beine mit Kitos Hundedecke zu. Das versteht Kito nicht. Er versucht immer wieder, seine Decke für sich zurückzuerobern.

Als Kito dann die Postzustellerin verbellt und zudem zeitgleich eine Autofahrerin anhält und fragt, ob wir Hilfe benötigen – inzwischen ist fast eine Stunde vergangen –, raffen wir uns wieder auf und ziehen langsam weiter.

Garz (der Name leitet sich vom Slawischen Wort „*gard*" für Hof bzw. Burg ab, siehe das englische Wort „*court*"), unser nächster Ort, wurde erstmals 1390 urkundlich erwähnt. Das **Rittergut mit Herrenhaus** befand sich von Anfang des 15. Jahrhunderts bis 1945 im Besitz der *Familie von Quast*. Bemerkenswert ist hier der massive spätmittelalterliche **Wohnturm** mit quadratischem Grundriss. Diese *Kemnade* findet man heutzutage nur noch sehr selten. Direkt daneben steht das *von Quast'sche Herrenhaus*.

in Garz

Ich bin jedoch zu kraftlos und nicht zu einem Abstecher von rund 300 Metern je Weg bereit, und so besichtigen wir nur kurz die **Dorfkirche** von außen und schleichen weiter.

An der Kreuzung westlich von Garz gehen wir, den Pilgerwegzeichen folgend, geradeaus in einen Feldweg und sind ab hier dann auf den nächsten knapp sieben Kilometer jede Straße und jeden Autoverkehr los. Dieser Wegabschnitt mit seinen Wiesen- und Feldwegen ist außergewöhnlich schön, wobei ich diese Schönheit in meiner Verfassung leider aber nicht so recht genießen und würdigen kann.

Inzwischen ist es – nach der kühlen, bewölkten Phase während meiner ersten Pause – wieder sonnig und warm, was nun auch der kleine Hund nicht mag. Und so bremsen Kito und ich Christine jetzt gemeinsam aus. Dies beinhaltet eine weitere Schlafpause, bei der ich aber nun meine Isoliermatte, die ich die ganze Strecke über außen am Rucksack mitgeschleppt habe, als Unterlage nutze und jetzt, ohne zu frieren, gut schlafe.

Doch irgendwann müssen wir weiter. Kito und ich schleppen uns neben beziehungsweise hinter Christine her bis **Barsikow**, das wir kurz nach 17 Uhr erreichen.

Unsere Tagesplanung ist absolut geplatzt: Eigentlich hätten wir näm-lich jetzt noch 15 Kilometer vor uns: neun Kilometer auf dem Pilgerweg bis nach Wusterhausen und dann noch einen sechs Kilometer langen Ab-zweig entlang der Dosse bis zu unserem gebuchten Quartier in Neu-haus/Dosse. Das aber ist längst nicht mehr machbar.

Während Kito und ich uns im Gras im Schatten des Bushaltestellen-häuschens niedergelassen haben, übernimmt nun Christine die weitere Regie über diesen unseren vierten Pilgertag.

zwischen Garz und Barsikow

zwischen Garz und Barsikow

Und wir haben Glück: Christine spricht eine Frau in unserem Alter an, ob und wie wir am besten von Barsikow nach Neustadt/Dosse kommen können. Diese Frau ist ein wahrer Pilgerengel: **Anna Funke** ist nämlich nicht nur zufällig die Vorsitzende des Ortsvereins Barsikow und Ehefrau des Ortsvorstehers, sondern auch pensionierte Kollegin und vor allem bestens vernetzt. Doch nachdem sie mehrfach vergeblich versucht hatte, einen Transport für uns drei zu organisieren, holt sie einfach ihr eigenes Auto und fährt uns zu unserem Quartier in Neustadt/Dosse.

Dabei erzählt sie Christine so manches über Barsikow, die Dorfgemeinschaft, das Dorfmobil als gemeinsam genutztes Fahrzeug der Dorfbewohner und manches mehr, was ich jedoch in meiner Verfassung nur halb mitbekomme.

In Neustadt/Dosse wohnen wir im **Reitinternat Schloss Spiegelberg**. Das klingt mondän, ist aber unser günstigstes Hotel der gesamten Pilgerreise und _mit_ Frühstück nur 3 € teurer als unser Privatquartier der letzten Nacht _ohne_ Frühstück.

Wir beziehen Zimmer 106, und während ich noch etwas ruhe, erkundet Christine mit Kito per Hunderunde bereits die Wege der näheren Umgebung.

So kann sie mir abends den Weg entlang der Dosse bis ins hübsche Ortszentrum zeigen, wo wir im *Ristorante Pizzeria La Piazza* sehr gut und sehr günstig zu Abend essen. Doch obgleich meine Pizza außerordentlich lecker ist, schaffe ich mit Mühe und Not nur die eine Hälfte.

Kito kümmert sich fürsorglich, wie er ist, in Neustadt um sein Herrchen.

Eigentlich wäre ich lieber im Quartier geblieben und hätte geschlafen, aber das hatte ich Christine nicht antun wollen. Sie sorgt sich eh bereits sehr um mich.

Irgendwann machen wir uns auf die 1200 Meter Rückweg, und als wir im Quartier angekommen sind, bin ich auch sofort im Bett.

Tages-Kilometer: 22,5 km (bis Barsikow)

Abendrunde zum Essen: 2,4 km (in Neustadt/Dosse)

Erkenntnisse des Tages: 1.) Für die Dorfkirche Manker gilt: „Hier darf jeder hinein." auch Kito. – 2.) Wenn man unterwegs als Pilger wirklich Hilfe benötigt, dann findet man sie auch. Selbst oder vielleicht gerade in diesem dünn besiedelten ländlichen Umfeld.

21. JULI 2021
VON BARSIKOW NACH KYRITZ

Heute geht es mir bereits wieder deutlich besser als am Vortag, und so haben Christine und ich während des üppigen und sehr leckeren Frühstücks im Reitinternat Schloss Spiegelberg beschlossen, uns mit unserem für 10 Uhr verabredeten Abholdienst per Dorfmobil Barsikow nicht nach Wusterhausen, sondern doch wieder nach **Barsikow** zurückbringen zu lassen, also dorthin wo wir unsere Vortagesetappe notgedrungen vorzeitig beendet haben. So können wir doch noch den kompletten Pilgerweg ohne Lücke gehen.

Glücklicherweise haben wir ja heute eigentlich nur die rund zehn Kilometer von Wusterhausen an der Dosse nach **Kyritz an der Knatter** auf unserem Etappenplan stehen, und da können wir zuvor ruhig noch die rund neun Kilometer von Barsikow nachholen.

Interessanterweise geht es mir auch ohne Medikamente bereits erheblich besser.

In **Barsikow** besichtigen wir noch das **Dorf- und Pilgerzentrum im *„Alten Konsum"***, wo sich Christine einen schönen handgefertigten Becher mit dem Wilsnacker Pilgeremblem gönnt. Der Alte Konsum, so recherchiert Christine später, ist eigentlich gar nicht so alt. Er wurde erst 1987 gebaut, stand nach der Wende lange Zeit leer, bis das *Ehepaar Anna Funke / Willem Schoeber* ihn kaufte, renovierte und im Mai 2018 als Gaststube, Dorf- und Pilgerzentrum und Treffpunkt für Jedermann eröffnete.

Beide waren übrigens erst 2006 nach Barsikow gezogen, weil sie einen geräumigen ländlichen Wohnsitz für ihre Familientreffen suchten. Damals wohnten sie gerade in Bremen, nachdem Willem Schoeber als Manager durch die Welt gejettet war und Anna Funke lange Zeit als Gynäkologin an der Uni-Klinik Köln gearbeitet und sich insbesondere für HIV-infizierte Schwangere und krebskranke Frauen engagiert hatte. Für dieses ehrenamtliche Engagement hatte sie seinerzeit vom damaligen Bundespräsidenten Johannes Rau das Bundesverdienstkreuz bekommen.

Als nach Barsikow gezogene gemeinsame Freunde den beiden 2005 erzählten, das Nebenhaus im Dorf stehe leer und zum Verkauf, griffen sie zu und kauften es. Bis 2013 blieb das inzwischen renovierte Haus in Barsikow ihr Wochenenddomizil. Dann zogen sie ganz in den 185-Seelen-Ort und begannen sich sogleich, für das Dorf und seine Zukunft zu einzusetzen. Und wie bereits erwähnt: Seit 2016 ist Anna Funke die Vorsitzende des Dorfvereins und ihr Mann Ortsvorsteher. Wir hätten also am Vortag in Barsikow auf niemand Besseren treffen können als auf Anna Funke. Sie war wirklich unser „Pilgerengel".

Gegen elf Uhr brechen wir in Barsikow auf. Aber anstatt auf dem Pilgerweg zurück zum östlichen Ortsausgang und dann nach Norden zu gehen, folgen wir dem gut gemeinten Rat unseres Fahrers, erst ein wenig nach Westen zu gehen und dann nach Norden abzubiegen.

Das führt dazu, dass wir uns rund 1200 Meter vom Dorf entfernt auf einer rundherum eingezäunten und gemähten Wiese wieder finden. Hier kommen wir also nicht weiter. Glücklicherweise entdecke ich dann wenige Meter weiter in einer noch ungemähten Wiese Spuren von Autoreifen, die eindeutig nur aus jener Wiese herausführen, nicht aber hinein. Es besteht also die Chance, dass diese Spuren uns in Gegenrichtung wieder in Richtung Pilgerweg bringen können.

Wir wagen den Versuch, auch weil wir keine Lust haben, wieder zurückzugehen. Die Reifenspuren umgehen geschickt mehrere Gräben. Der Autofahrer kennt sich also bestens aus.

Links von uns steht ein Weißstorch in der Wiese, der, als er Kito bemerkt, gemächlich wegfliegt, wobei mir im bereits voreingestellten Sportmodus meiner Spiegelreflexkamera einige tolle Flugaufnahmen gelingen.

Kurz vor dem Ende des 1,8 km langen Anfangsstücks des alten Pilgerwegs mit DDR-Betonplatten sind wir wieder auf dem Weg und erleichtert. Auf dem nun folgenden unbefestigten Feldweg fühlen wir uns alle drei sehr wohl. Frau Funke hatte Recht: Dieser Weg ist sehr schön. Erst kurz vor dem Ortseingang von **Metzelthin** stößt der Pilgerweg wieder auf Asphalt.

Christine schlägt gerade vor, diese Dorfkirche ausnahmsweise einmal nicht zu besichtigen. Als sie dann aber erkennt, dass dies eine offene Kirche ist, ist sie als erster von uns dreien drinnen.

Kito ist voll in der Spur…

Wir sind wieder auf dem Pilgerweg

Die **Dorfkirche Metzelthin** ist eine Feldsteinkirche aus dem 13. Jahrhundert. Bereits 1319 ist hier ein eigener Pfarrer belegt. Der eindrucksvolle Kanzelaltar mit reichem Barockschmuck stammt aus dem Jahr 1710.

Auf dem Weg zum Ortsausgang entdecken wir auf der rechten Seite das wieder wunderschön hergerichtete ehemalige **Herrenhaus Metzelthin**, das jedoch ebenso wie der dazu gehörende Park nicht zugänglich ist.

Am Ortsausgang sind Straßenbauarbeiten. Das heißt, wir dürfen einen soeben asphaltierten Fuß-/Radweg links der Straße einweihen. Das nutzt uns allerdings wenig, da wir bereits nach 200 Metern – mitten in dieser Baustelle – nach rechts in eine kleinere Landstraße abbiegen müssen. 400 Meter später biegen wir von dieser kleinen Straße nach links in einen Feldweg ein, über den wir nach weiteren 3,2 Kilometern **Wusterhausen/Dosse** erreichen.

Herrenhaus Metzelthin

Schon von weitem sehen wir den Turm der **St.-Peter-und-Paul-Kirche**, wie die aus dem 13. Jahrhundert stammende Pfarrkirche der Stadt offiziell heißt und auf die uns der Pilgerweg geradezu und ohne Umweg hinführt.

Die Kirche, die von *Theodor Fontane* ausführlich beschrieben wurde, ist in den Sommermonaten (von Ostern bis Oktober) täglich von 8-18

Uhr geöffnet, so dass wir rasch an unsere nächsten Pilgerstempel gelangen.

Sehenswert sind hier Fresken aus dem 15. Jahrhundert im östlichen Mittelschiffgewölbe sowie Fresken aus dem 16. Jahrhundert an den Chorpfeilern, eine prächtige Kanzel und vor allem die Nordempore mit 21 lebendig wirkenden Gemälden aus dem Leben Christi.

Kanzeldetail der St.-Peter-und-Paul-Kirche in Wusterhausen/Dosse

Wir nehmen uns Zeit für diese schöne Kirche und gehen – abseits des Pilgerwegs – dann weiter zum Marktplatz, passieren das **Wegemuseum** in einem schön restaurierten Fachwerkgebäude und biegen in die Bahnhofstraße, an deren Ende wir zu einem Bäcker mit Tischen vor dem Laden gelangen.

Blick vom Marktplatz zur St.-Peter-und-Paul-Kirche in Wusterhausen/Dosse

Hier machen wir dann von 14:00 bis 14:45 Uhr ausgiebig Rast bei Kaffee und Kuchen. Auch Kito wird versorgt und bekommt seine vorbereitete Portion Hundefutter.

Bei Kito sind wir übrigens dazu übergegangen, ihn statt nur einmal abends jetzt lieber dreimal am Tag zu füttern und dabei seine normale Tagesration um bis zu 50 Prozent zu erhöhen. So wird der Kleine besser über den ganzen Tag hinweg versorgt und sind vor allem seine nächtlichen Abstände zwischen der letzten Abend- und der frühen Morgen-Runde deutlich länger.

Wir pilgern zurück zum Markt und zur Stadtkirche, gehen – jetzt wieder auf dem Pilgerweg – nach links in die Alte Poststraße, dann nach rechts in die Kyritzer Straße, überqueren die Brücke über die Dosse und biegen nach rechts in die Seestraße.

Dann aber verfransen wir uns, verpassen den Klempowweg nach links, fragen Anwohner, die uns in die Straße Seewall schicken, über die wir wieder zur Kyritzer Straße gelangen. Kurz vor deren Einmündung in die B5 finden wir einen nach rechts abbiegenden Wanderweg entlang eines Bachs, der uns zur **Seemühle**, einer Wassermühle am Ufer des Klempow-Sees führt.

Ab hier sind wir wieder auf dem korrekten Pilgerweg. Der folgt nun – ein kurzes Stück als asphaltierte Anliegerstraße, dann als Feldweg und zuletzt als wunderschöner Waldweg – dem südwestlichen Ufer des **Klempow-See**s. Insgesamt ist dieser Abschnitt am Seeufer rund 5,6 Kilometer lang und sehr ruhig. Nur vereinzelt treffen wir Wanderer oder Radfahrer.

Klempow-See, nahe der Seemühle

Auch Kito findet diesen Weg sehr schön und wälzt sich immer wieder begeistert im Gras. Irgendwann taucht er dann einmal kurz in den Waldstreifen zwischen Weg und See und wälzt sich dort… – in den Überresten eines toten Fischs! Zwar zieht ihn Christine bereits nach wenigen Sekunden dort wieder weg, aber das Malheur ist geschehen, und Kito riecht jetzt intensiv nach *„Eau de toter Fisch“*!

Im Hotel reiben wir ihn später intensiv mit jeder Menge Feuchtreinigungstüchern ab, aber das Naturaroma toter Fisch hält sich alles in allem gut 1 ½ Tage, bis der *„Pilger-Fisch“*, wie wir ihn ab sofort nennen, sich wieder oft genug im Gras gewälzt hat und normal nach Hund und Gras riecht.

Kurz vor dem **Strandbad Kyritz** verlassen wir den Uferweg und biegen nach links in die Seestraße ein. Wir passieren das *Hotel Waldschlösschen* und die *Pension Miss Sophie* (letztere hatte uns im Juni auf unsere Quartieranfrage mit Hund nicht geantwortet). Die Seestraße führt uns nach **Kyritz** hinein zu einem Kreisverkehr, wo wir nach links in die Graf-von-der-Schulenburg-Straße einbiegen.

Das Bachbett der **Jäglitz**, die wir auf einer Brücke überqueren, sieht so aus, als habe es hier kürzlich heftiges Hochwasser gegeben.

Wir lassen einen Netto-Markt links liegen und biegen halbrechts in die Maxim-Gorki-Straße, die uns nach 220 Metern zu **Blum's Hotel am Markt** und damit unserem Quartier und Tagesziel bringt.

Es ist kurz vor 18 Uhr, und wir sind mit unserem heutigen Tagesergebnis sehr zufrieden. Vor allem sind wir jetzt ja wieder im Plan!

Maxim-Gorki-Straße in Kyritz

Wir beziehen ein hübsches Zimmer in der ersten Etage, wo Kito sich sogleich auf seiner Decke zusammenrollt und schläft. Auch wir gönnen uns ein wenig Entspannung.

Gegen 19:45 Uhr haben wir dann aber doch Hunger und suchen uns etwas zum Essen. Unser Hotel-Restaurant hat heute Ruhetag. Also kommt direkt am Markt – zwischen der **Königl. priv. Apotheke-Drogen-Handlung von 1666** und dem **Brunnen** – ein Döner-Laden in Frage. Döner hatten wir ja aber gerade erst zu Beginn dieser Reise in Berlin. Wir fragen ein paar Einheimische, die uns ein persisches Lokal empfehlen.

Wir folgen diesem Ratschlag und werden im *„Mi Casa"* (Johann-Sebastian-Bach-Straße 27) sehr gastfreundlich empfangen. Auch der kleine „Pilger-Fisch" darf mit ins Lokal, wo uns der Chef, *Asadolah Fakhari*, selbst bedient. Als Christine etwas ohne Sauce und ohne Käse haben will, verzweifelt er fast. Aber dann einigen beide sich auf eine Pizza Salami ohne Käse, während ich einen Auflauf bestelle, der mir sehr gut schmeckt.

Die Atmosphäre im Lokal ist sehr angenehm und entspannt, wozu auch der Chef beiträgt, der sich auch mehrmals zu seinen Gästen setzt und klönt. Und das Preis-Leistungs-Verhältnis ist auch mehr als gut. Hier würde ich jederzeit wieder zum Essen einkehren.

Kito ist sehr lieb: Er schläft die meiste Zeit unter unserem Tisch.

Auf dem Heimweg streifen wir noch ein wenig in der Innenstadt herum und schauen uns dabei auch die **St. Marienkirche bei Nacht** an.

Während Christine danach rasch schlafen geht, bin ich noch bis nach Mitternacht mit dem mitgeschleppten Laptop online. Als ich dann endlich auch zu Bett gehen will, gibt es da ein „kleines Problem": Der „Pilger-Fisch" schläft – zusammengerollt – selig auf meinem Kopfkissen. Er will diesen Platz auch nicht freiwillig räumen, sondern schnappt sogar zweimal nach meinen Händen. Erst im dritten Versuch kann ich ihn vertreiben und habe nun ein Kopfkissen, dessen eine Hälfte „dezent nach totem Fisch duftet". Kito macht es sich indessen auf Christines Kleidung gemütlich, die sie neben ihrem Bett auf dem Boden abgelegt hat. Seine direkt daneben liegende Decke verschmäht er.

Kito auf meinem Kopfkissen

Tages-Kilometer: 22,65 km (Barsikow – Wusterhausen, inkl. Abstecher zum Bäcker – Kyritz)

Abendrunde: 2,4 km

Erkenntnis des Tages: Kito ist ein „Pilger-Fisch"!

22. JULI 2021
VON KYRITZ NACH SÖLLENTHIN

Der heutige Tag beginnt entspannt mit ein paar Einkäufen im benachbarten Drogerie-Markt, gefolgt von einem ausgiebigen und leckeren Hotel-Frühstück und einer Stadt-Besichtigung ohne Gepäck.

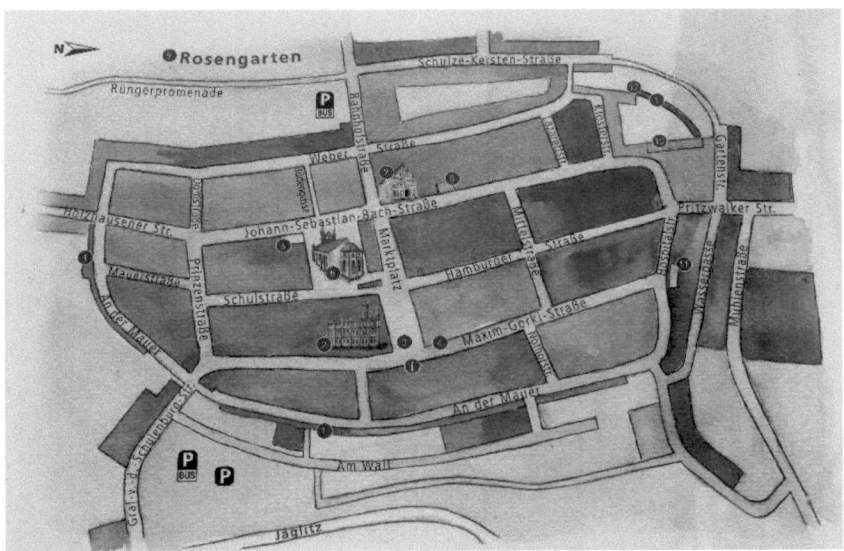

Kyritz war einst Tuchmacher- und Bierbrauerstadt sowie Mitglied der Hanse und besitzt seit 1237 (nach anderer Quelle: seit 1239) Stadtrecht. Aus dieser Zeit stammen die **St. Marienkirche**, die **Stadtmauer** sowie die Reste des **Franziskanerklosters**. 1417 wurde Kyritz letztmals als Hansestadt erwähnt. Ab dem 15. Jahrhundert, durch die Pest 1626 sowie während des 30jährigen Krieges wurde die Stadt wie auch die gesamte Prignitz weitgehend entvölkert und danach von Westen her neu besiedelt. Im 18. Jahrhundert schließlich wurde Kyritz preußische Garnisonsstadt.

Der größte Teil der alten Bausubstanz im Stadtzentrum, vor allem die alten Fachwerkhäuser, die den Stadtkern entscheidend prägen, stammt aus dem 17. und 18. Jahrhundert.

Wir erkunden einige Reste der alten Stadtmauer und ziehen dann zur St. Marienkirche. Die ist aber nur nachmittags eine „offene Kirche". Als wir im Gemeindebüro direkt neben der Kirche fragen, schließt uns jedoch eine Mitarbeiterin die Kirche auf und stempelt dort auch unsere Pilgerpässe.

Stadtpfarrkirche St. Marien Kyritz

Die **Stadtpfarrkirche St. Marien**, deren Ursprünge im 12. Jahrhundert liegen, wurde im 15. Jahrhundert als dreischiffige spätgotische Hallenkirche erbaut. Nachdem sie 1622 abgebrannt war, wurde zunächst die Franziskanerkirche als Pfarrkirche genutzt, bis die Marienkirche ab 1709 mit vereinzelten Barockelementen wieder aufgebaut wurde. Nach einem Turmbrand 1820 wurde dann 1849/1850 die aktuelle zweitürmige Fassade mit Blendgiebel im Stil der Neugotik erbaut.

Auf dem Marktplatz entdecken wir einen **Brunnen**, der sowohl an die Bassewitz-Legende von 1381 erinnert als auch an andere wichtige Themen der Stadtgeschichte. Dabei fällt mir plötzlich der Name *Carl Diercke* auf. Ich assoziiere ihn sofort mit dem *„Großen Diercke"*, unserem Schulatlas. Und tatsächlich ist dieser am 15. September 1842 in Kyritz geborene Carl Diercke selbiger Pädagoge und Kartograf, der während seiner Tätigkeit als Direktor des königlichen Lehrerseminars in Stade ab

1874 den aller ersten Schulatlas konzipierte und diesen ab 1875 im West-ermann Verlag herausgab, wo er bis heute weiterhin verlegt wird.

Brunnen auf dem Marktplatz Kyritz

Carl Diercke auf dem Marktplatz-Brunnen in Kyritz

Nachdem wir unser im Hotel deponiertes Gepäck abgeholt haben, brechen wir gegen 12 Uhr auf. Wir passieren in der Johann-Sebastian Bach-Straße unser persisches Restaurant vom Vorabend sowie die Reste des Franziskanerklosters, biegen dann jedoch wenig später gezielt vom Pilgerweg in die Pritzwalker Straße ab, um bei einem Edeka-Markt noch Getränke, Wurst und Brötchen zu kaufen.

Bis Bad Wilsnack – also auf den letzten etwa 40 Kilometern – gibt es nämlich keine Einkaufs- und keine Einkehrmöglichkeiten, müssen wir drei uns also selbst versorgen. Immerhin sind wir diesbezüglich dank des Outdoor-Pilgerführers informiert und daher nun vorbereitet.

Vom Supermarkt aus kehren wir auf demselben Weg wieder zurück zum Pilgerweg und biegen in die Wilsnacker Straße ein, die nach einem Bahnübergang dann Rehfelder Weg heißt. Über letzteren verlassen wir Kyritz.

Inzwischen ist es wieder ziemlich warm, um nicht zu sagen: heiß, geworden. Zu unserem Glück ist die Straße nach **Rehfeld** eine Allee mit einem Fuß- und Radweg, so dass wir dort partiell Schatten finden.

Straße von Kyritz nach Rehfeld

In Rehfeld biegen wir rechts ab und erreichen wenig später die rechts des Wegs und leicht erhöht stehende **Dorfkirche Rehfeld**. Uns dreien ist sehr nach einer Pause zumute, die wir im Schatten der kleinen Fachwerkkirche einlegen wollen.

Die Kirche ist offen, und als wir drei eintreten, entdecken wir zu unserer Überraschung zwar keinen Pilgerstempel, dafür aber ein gutes Dutzend noch sehr kühler 0,5-Liter-Mineralwasserflaschen und daneben einen Zettel, der uns ausdrücklich erlaubt, uns zu bedienen, und im Gegenzug um eine Spende von 0,50 € pro Buddel bittet.

Wir machen es uns ganz hinten in der Kirche an einigen Tischen und Stühlen gemütlich und essen und trinken in der angenehm kühlen Kirche. Dabei studieren wir die ausgelegten Fotoalben, die detailliert die Kirchenrenovierung von 1975 dokumentieren.

Christine und Kito in der Dorfkirche Rehfeld

Die erste Kirche hier in Rehfeld entstand wohl 1613. Sie wurde 1705 umfassend renoviert, was offenbar nicht allzu lange vorhielt. Von ihr existiert nur noch die Kanzel, die im Kirchenraum links neben dem Altar ebenerdig steht. Die heutige Kirche wurde 1791 als Fachwerkkirche mit einem verschieferten oktogonalen Turm erbaut.

Bevor wir weiterziehen, versuchen wir auch noch einen Pilgerstempel zu bekommen, aber die Nachbarin, die ihn verwaltet, ist gerade unterwegs und nicht zu Hause.

Im Wald hinter Rehfeld gibt es dann eine spitze Weggabelung, bei der wir uns nicht so ganz sicher sind, welcher Weg der richtige ist. Wir entscheiden uns für den linken Weg und liegen damit auch richtig.

Berlitt, unser nächster Ort, hat nicht nur eine weitere hübsche **Kirche** zu bieten, sondern unmittelbar vor selbiger auch noch ein *„Schloss"*. Eigentlich ist es ja nur ein **Herrenhaus**, aber wie das so ist, werden diese ja oft in der Bevölkerung gleich zum Schloss erhoben.

Ein Nachbar, der mit seinem Aufsitz-Rasenmäher gerade die öffentlichen Grasflächen entlang der Dorfstraße mäht, macht uns darauf aufmerksam, dass es im Eingangsbereich des „Schlosses" eine sehenswerte Kunstausstellung gibt, die wir uns natürlich auch prompt anschauen. Außerdem erklärt er uns, dass die Mieter im Schloss noch mit

Ofenheizung Vorlieb nehmen müssen, was offenbar im Dort sonst kein üblicher Standard mehr ist.

Herrenhaus Berlitt

Wir besichtigen sowohl die Kunstausstellung im „Schloss" als auch die Dorfkirche. Hier finden wir den einzigen Hinweis darauf, dass wir in dieser Woche doch nicht die einzigen Pilger auf diesem Weg sind: Ein Mitpilger hat sich mit dem heutigen Datum im Gästebuch der Kirche verewigt. Auch in dieser Kirche finden wir übrigens als Angebot an die Pilger eine Kollektion 0,5-Liter-Mineralwasserflaschen vor, für die dieselbe Spende wie in Rehfeld erbeten wird.

Die **Feldsteinkirche in Berlitt von 1526** hat als Ostfassade einen zierlichen Staffelgiebel mit Zwillingslanzetten aus Backstein. Sie ist außerordentlich hübsch, wurde in den letzten Jahrzehnten sehr behutsam restauriert und hat eine vollständige Barockausstattung mit Kirchengestühl (von 1657), Kanzelaltar und – als Schmuckstück – einer erst vor rund zwei Jahrzehnten wiederentdeckten **Holzdecke mit einer Christusdarstellung und zahlreichen musizierenden Engeln.**

Am Ende der Dorfstraße verlässt der Pilgerweg die Straße und geht als wunderschöner Feld- und Wiesenweg weiter.

Holzdecke der Dorfkirche Berlitt

Feldsteinkirche Berlitt

Unser nächster Stopp ist **Barenthin**. Die dortige Kirche ist ähnlich alt wie die in Berlitt, ebenfalls ein Feldstein-Saalbau, hat aber im Gegensatz zu der in Berlitt einen auffallend mächtigen Turm, der ganz offenkundig früher als Fluchtburg und Wehrturm diente, wie die Schießscharten und fehlenden Fenster im unteren Turmbereich nahelegen. Wir rasten auf den Stufen vor der verschlossenen Kirche, als uns eine Frau fragt, ob wir Pilgerstempel für unsere Pilgerpässe haben möchten. Das bejahen wir natürlich, woraufhin sie schnell von zu Hause den Stempel holt.

Es ist inzwischen gegen 17 Uhr, und wir wollen so langsam, aber sicher einfach nur zu unserem Tagesziel in Söllenthin.

Kirchturm in Barenthin

Am Ortsende Barenthins biegen wir an einer Kreuzung nach rechts in die Göriker Straße ein und folgen ihr nach 150 Metern nach links. Wenig später ist die kleine Landstraße, der unser Pilgerweg folgt, wegen Straßenbauarbeiten für Autos gesperrt. Das macht die nächsten Kilometer für uns signifikant verkehrsärmer. Einige Fahrradfahrer sowie Anliegerautos sehen wir trotzdem. Die Straße wird zwischendurch zu einer lichten Eichenallee.

Nach rund zwei Kilometern erreichen wir dann auch die Baustelle. Hier ist auf rund 250-300 Metern Asphaltkleber aufgebracht worden. Das Zeug klebt sehr heftig unter unseren Schuhen. Da wir befürchten, dass Kitos Pilgerpfoten durch den Kleber Schaden nehmen könnten, trage ich den kleinen Pilger-Fisch sicherheitshalber auf diesem kurzen Stück, was der sich auch gerne gefallen lässt.

Kurz darauf erreichen wir eine kleine Kreuzung am Waldrand und gehen nach rechts in einen befahrbaren Feldweg. Nach 450 Metern biegen wir an einer solitären Birke erneut, diesmal nach links, ab. Der sandige Weg steigt auf den nächsten gut 400 Metern leicht an und überquert in einem Kiefernwald eine Hügelkuppe.

Bergab sehen wir bald **Görike** unter uns liegen, das im Pilgerführer und auf der Pilgerweg-Homepage als Tagesziel empfohlen wird.

Es ist 18 Uhr, als wir den kleinen Ort erreichen, und wir werden mit Glockengeläut empfangen. Wir folgen der Dorfstraße nach links und erreichen rasch die kleine **Dorfkirche**, die laut Pilgerführer einen spätgotischen Marienaltar hat. Die Kirche ist nicht verschlossen. Aber als wir eintreten, stehen wir mitten in einer Baustelle. Der Altar ist mit einer Holzverschalung vor Staub und Dreck geschützt.

Die Dorfkirche Görike wird gerade renoviert.

Während Christine und Kito Pilger-Fisch unter einer großen Eiche rasten, bekomme ich von einer Nachbarin einen weiteren Pilgerstempel für unsere Pilgerpässe. Ich komme mit der alten Frau ins Klönen, und sie erzählt mir, dass derzeit mehrere Kirchengemeinden und damit auch deren Kontostände der Gemeindekassen zusammengelegt werden oder werden sollen. Da die Gemeinde Görike zwei Windräder besitzt, also nicht komplett arm ist, hat sie ihren Kontostand vor der Fusion schnell in die Sanierung ihrer Kirche investiert...

Dorfkirche Görike und Feuerwehrhaus

Solche Informationen bekommt man natürlich nur zu Ohren, wenn man sich ein wenig Zeit zum Klönschnack nimmt.

Kurz nach den letzten Häusern Görikes halten wir uns halbrechts und nehmen nun definitiv Kurs auf unser Tagesziel **Söllenthin**. Ich telefoniere nochmals mit der Vermieterin unserer Pilgerunterkunft und lasse mir schildern, wo genau auf dem Grundstück der Hausschlüssel zu finden ist. Gegen 19:20 Uhr treffen wir in der Kirschallee 13 ein, finden jedoch den Schlüssel zunächst nicht. Mit Hilfe eines weiteren Telefonats lasse ich mich genauer einweisen und bin dann auch rasch erfolgreich.

Die *Ferienwohnung Frederick* ist unsere größte und zugleich günstigste Unterkunft auf dem gesamten Pilgerweg von Berlin nach Bad Wilsnack. Dies liegt sicherlich auch daran, dass es keinerlei Service gibt und wir – als Selbstversorger – gänzlich auf uns selbst gestellt sind. Neben einer geräumigen Küche mit großem Esstisch und sechs Stühlen sowie einer Couch gibt es ein Wohnzimmer mit zwei Couchen, ein Bad mit Dusche, WC und Waschbecken, ein zweites nur mit WC und Waschbecken, ein Schlafzimmer mit Doppelbett und ein weiteres mit einem

82

Doppelbett, zwei Einzelbetten, Tischchen und zwei Stühlen. Handtücher sind reichlich vorhanden, Bettwäsche nicht.

So kommen erneut untere Isoliermatten als Unterlage und erstmals auch unsere Schlafsäcke zum Einsatz. Prima, damit haben wir diese auch nicht vergebens mit uns herumgeschleppt!

Die letzten Gäste, laut Gästebuch eine Gruppe mit neun Personen, die gut eine Woche hier wohnten, haben im Kühlschrank diverse Lebensmittel hinterlassen, die wir entsorgen, aber ansonsten auch eine Flasche Rotwein, die uns sehr willkommen ist.

Küche in unserem Pilgerquartier

Wir bereiten uns aus unseren Vorräten ein kleines Abendessen, kochen etwas Tee und genießen den Rotwein. WLAN ist ebenfalls vorhanden, so dass ich mit dem Laptop online gehen kann.

Nach einer kleinen Abendrunde mit Kito sind wir gegen 23 Uhr in den Schlafsäcken. Die findet der kleine Hund übrigens sehr spannend.

Tages-Kilometer: 26,94 km

Abendrunde mit Kito: 1,16 km

Erkenntnisse des Tages: Die Kirchen in Rehfeld und in Berlitt sind besonders pilgerfreundlich. Und manchmal muss man den kleinen Hund halt auch einmal ein Stückchen Weg tragen.

23. JULI 2021
VON SÖLLENTHIN NACH WILSNACK

Heute ist unser letzter Tag auf dem mittelalterlichen Pilgerweg von Berlin nach Wilsnack. Da wir nominell nur 17,2 Kilometer auf dem Tagesplan stehen haben, lassen wir diesen Tag geruhsam angehen. Dazu gehört, dass wir erst um kurz nach 9 Uhr aufstehen, in Ruhe Kaffee kochen und Brötchen essen, natürlich auch aufwaschen und etwas Ordnung schaffen, bevor wir unsere Siebensachen zusammenpacken.

Das Packen ist bereits zu einer Routineaufgabe geworden, und inzwischen haben fast alle Dinge in unseren Rucksäcken ihre festen, angestammten Plätze. Auch Kito kennt diese Prozedur schon und ist nicht mehr irritiert wie zu Beginn dieses Wegs.

Er genießt dieses große Quartier und düst, sofern er nicht auf dem Küchensofa oder einem der Schlafzimmersessel zusammengerollt pennt, überall herum. Als wir dann endlich gegen Viertel vor 12 die Schuhe anziehen und die Rucksäcke schultern, ist es vorbei mit seiner guten Laune: Er signalisiert uns eindeutig, dass er eigentlich so gar keine Lust auf einen weiteren Pilgertag durch die offene Landschaft und die Sonne und Sommerwärme hat, sondern dass er lieber hierbleiben und toben und spielen möchte.

Letztlich bleibt ihm jedoch keine Wahl, und so kommt er unter leisem Protest mit.

Ich organisiere schräg gegenüber unseres Quartiers bei Familie Jäkel (Kirschallee 43) sowohl die Pilgerstempel für unsere Pässe als auch den wieder einmal alten und großen Kirchenschlüssel.

Die hübsche, kleine **Dorfkirche Söllenthin** (Kirschallee 48) stammt aus der Mitte des 14. Jahrhunderts. Sie wurde aus Feldsteinen errichtet, wobei die Mauerkanten und die Fenstereinfassungen jeweils aus Ziegeln bestehen. Der Westturm, über dessen Tonnengewölbe im Erdgeschoss man die Kirche betritt, hat interessanterweise ein Satteldach, das quer zu dem des Kirchenraums steht.

An der Außentür fällt mir sofort ein Emblem mit einer Muschel und den Umrissen eines Fischs auf, passend zu Kitos neuem Spitznamen.

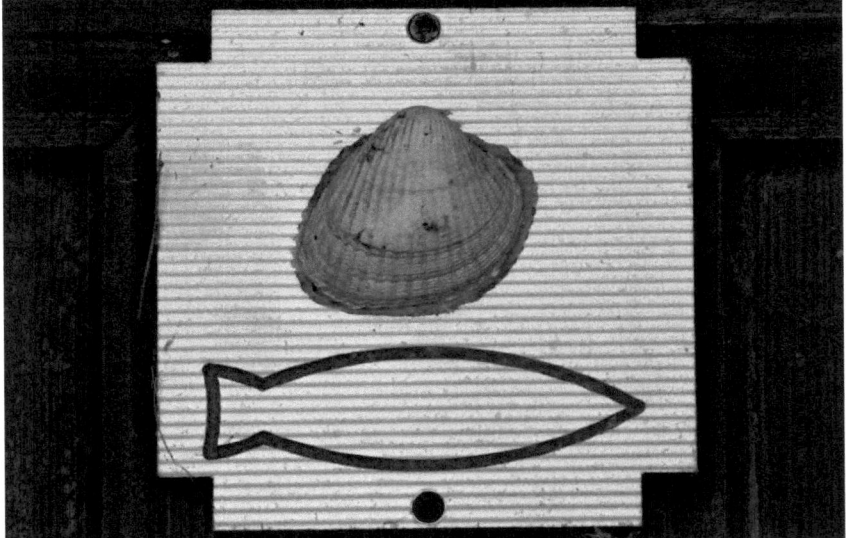

Dorfkirche Söllenthin

Im Kircheninneren dominiert ein spätgotischer **Flügelaltar** aus dem späten 15. Jahrhundert mit einer eindrucksvollen Kreuzigungsdarstellung im Mittelteil. Vor allem die verdrehten, mehrfach gebrochenen

Arme der beiden Schächer rechts und links von Jesus sind sehr plastisch und beeindruckend wiedergegeben. Während die Seele des reuigen Schächers links im Bild von einem Engel gehalten wird, holt sich rechts im Bild der Teufel die Seele des anderen, nicht-reuigen. Rechts unten im Bild würfeln bereits die Soldaten um das Untergewand Christi. In den beiden Seitenflügeln sind jeweils vier Heilige dargestellt.

Detail des Flügelaltars in Söllenthin

Der Pilgerweg führt geradeaus aus Söllenthin heraus und folgt einer relativ ruhigen Landstraße ohne Fuß-/Radweg. Leider spenden die spärlichen Alleebäume kaum Schatten. Links der Straße wird gerade ein Getreidefeld abgeerntet.

Nach 1,7 Kilometern erreichen wir endlich einen Wald, in dem Kiefern und Eichen dominieren und der uns auf den nächsten 1,3 Kilometern angenehmen Schatten spendet.

Wenig später sehen wir am Ortseingang von **Klein Leppin** eine Ansammlung kleiner Häuser im typischen DDR-Baustil, die wir zunächst nicht einordnen oder deuten können. Es handelt sich dabei um die **Ferienanlage Müllerwiesen**, die im Übrigen auch 32 Betten für Pilger bereithält. Das Hauptgebäude der Anlage wirkt auf uns, als könne es der Rest des einstigen Ritterguts dort sein.

86

schattenlose Landstraße

Erntezeit

Kito passt auf seine Menschen gut auf.

Endlich ein wenig Schatten!

Ferienanlage Müllerwiesen

Kurz darauf sehen wir links der Straße direkt am Flüsschen **Karthane** die einstige **Wassermühle Klein Leppin**. Sie wurde 1538 erstmals urkundlich erwähnt, gehörte damals dem Havelberger Bischof und kam 1552 in den Besitz der reichen Familie von Saldern, die in der Nähe auf der Platenburg ihren Stammsitz hatte.

Mitte des 19. Jahrhunderts stieg die Wassermühle zu einem regional bedeutenden Wirtschaftsunternehmen und einer der größten und leistungsstärksten Mühlen Brandenburgs auf. Sie belieferte selbst Großbäckereien in Berlin und Hamburg und erhielt dazu 1900 einen eigenen Bahnanschluss.

Von dieser Blüte ist heutzutage nichts mehr zu erahnen: Das Mühlengebäude steht ganz offenbar seit längerem leer und ist dem Verfall preisgegeben. Einige Nebengebäude sind bereits zerfallen.

Ein weiteres ebenfalls recht trostloses Nebengebäude, das sich auf seiner Homepage als „Herrenhaus" bezeichnet, bietet „Bett & Breakfast" an (Tel. 038787 506484, DZ für 57 € plus Frühstück 9,50 € pro Person).

Wir durchqueren Klein Leppin – der Ort wird im August bundesweite Beachtung finden, weil die paar Dutzend Dorfbewohner wie jedes Jahr so auch 2021 wieder auf ihrer Dorfbühne eine Oper zur Aufführung bringen – und pilgern weiter über die Landstraße mit ihren spärlichen Alleebäumen, überqueren die Bundesstraße B107, die wir zwei Tage später mit dem Auto entlang fahren werden, und erreichen nach drei Kilometern **Groß Leppin**.

ehemaliges Mühlengebäude Klein Leppin

Unterwegs werden wir von einem **Traktor** *„Fortschritt ZT 300-C"* in der Originallackierung *Blutorange / Grauweiß / Fehgrau* überholt. Von dieser Baureihe wurden von September 1967 bis Anfang 1984 insgesamt 72.382 Traktoren im *Kombinat Fortschritt Landmaschinen* in Schönebeck (Elbe) produziert. Zwei meiner Lauffreunde haben, wie ich später erfahre, auf einem solchen Typ ihren Traktorführerschein erlangt und sind anschließend damit zahllose Stunden im Einsatz gewesen.

Groß Leppin ist ein hübsches Straßendorf, das auf uns einen sehr netten, gastfreundlichen und angenehmen Eindruck macht. Die Gärten sind sehr gepflegt. Es gibt Hinweisschilder, dass Pilger hier Wasser bekommen können, und mindestens ein Pilgerquartier.

Landstraße von Klein Leppin nach Groß Leppin

Gleich am Ortseingang bewundern wir die Kreativität der Straßennamensgebung: Während unsere Straße geradeaus „Kleine Straße" heißt, zweigt nach links die „Große Straße" ab. Am Ortsende werden wir dann staunend erfahren, dass es außerdem noch eine „Querstraße" gibt.

Die **Ev. Dorfkirche Groß Leppin** liegt etwa 70 Meter links der Kleinen Straße, ist aber gleichwohl nicht zu übersehen. Auch sie wurde wohl in der Mitte des 14. Jahrhunderts erbaut und der mit Backsteinen gefasste massive Westturm dann um 1500 hinzugefügt.

Dorfkirche Groß Leppin

Die Kirchentür ist nicht verschlossen, und so gelangen wir in den Eingangsraum im Turm, wo wir einen Pilgerstempel finden. Im

Kirchenraum imponieren rechts neben dem Altar die ursprünglich außen am Westportal angebrachten lebensgroßen Grabsteine des Kirchen-
patrons *Jacob von Saldern* (1571-1602) und seiner 1598 gestorbenen Ehefrau *Anna*, einer geborenen von Klitzing. Während er mit der rechten
Hand in der Hüfte und der linken am Griff des Schwerts Selbstbewusst-
sein, Dominanz und Macht verkörpert, wirkt sie brav, folgsam und ein
wenig melancholisch.

Wir lassen uns im Schatten der Kirche im Gras nieder und legen eine
30minütige Pilgerpause ein. Die genießt vor allem Kito sehr, der gleich
intensiv mit Frauchen schmust und dann mit dem Kopf auf ihren Beinen
einschläft.

Schmusehund

Am Ortsende Groß Leppins überqueren wir erneut die Karthane und
pilgern dann auf einer kleinen Landstraße der genau drei Kilometer entfernten Plattenburg entgegen. Die ersten 950 Meter gehen erneut fast
schattenlos durch Wiesen und Weiden, ehe wir für den Rest dann durch
einen hübschen Wald gehen. Leider ist jedoch sowohl der landwirt-
schaftliche Verkehr als auch der PKW-Verkehr überraschend dicht und
sind die PKWs für diese Straße unangemessen schnell unterwegs. Dies
nervt uns ein wenig.

Endlich erreichen wir die **Plattenburg**, eine der größten erhaltenen Wasserburgen Norddeutschlands. Sie wurde nach dem Wendenkreuzzug von 1147 zum Schutze der eroberten Gebiete errichtet und befand sich von 1319 bis 1548 im Besitz der Havelberger Bischöfe, die die Burg als Sommerresidenz ausbauten und sich hier gerne aufhielten. Nach der Reformation ging die Plattenburg zunächst an kurfürstlichen Besitz über. 1552 – im selben Jahr, in dem die Wilsnacker Bluthostien verbrannt werden – verpfändete *Kurfürst Joachim II.* sie an seinen Kämmerer *Matthias von Saldern*, der Burg und Herrschaft (also einschließlich Wilsnacks, Groß und Klein Leppins und weiterer Dörfer) 1560 als „erb- und eigentümliches Lehen" erhält. Im 30jährigen Krieg verhindert ein Schutzbrief des Schwedenkönigs *Gustav Adolf II.* die Plünderung und Zerstörung der Burg und der Herrschaft.

Bis Kriegsende 1945 verbleibt die Plattenburg im Besitz der Familie von Saldern, wobei sie ab 1940 teils als Kriegsgefangenenlager, teils als Lazarett dient. Bis 1960 leben dann Flüchtlingsfamilien auf der Plattenburg, die 1969 zum Ferienlager der Deutschen Reichsbahn ausgebaut und bis 1991 als solches genutzt wird.

Erfreulicherweise blieben dabei die historischen Räume im Bischofsflügel (Rittersaal und Halle) erhalten. Sie zählen heute zu den schönsten Zeugnissen künstlerischer Innenraumgestaltung der Spätrenaissance in der Prignitz, sind aber leider aktuell nicht zu besichtigen.

Nach 1991 wurde die Burg als kulturelles Zentrum, als Museum, für kulturhistorische Veranstaltungen und einmal im Jahr auch für das „Mittelalterliche Burgspektakel" genutzt. Auch ein Standesamt, eine Gastronomie und eine Pilgerherberge gab es.

Aktuell steht die Plattenburg jedoch seit dem 31.12.2019 leer, nachdem der letzte Pächter René Günther, der die Plattenburg 13 Jahre lang erfolgreich bewirtschaftet hatte, seinen Pachtvertrag mit der Gemeinde, dem Eigentümer der Plattenburg, im August 2019 gekündigt hat.

Seitdem liegt die Plattenburg quasi im Mittelalterschlaf, gibt es keinerlei Veranstaltungen, keinerlei Führungen, rein gar nichts mehr hier. Die Gemeinde Plattenburg scheint mit der Situation überfordert zu sein, und anstatt wenigstens das Tourismusbüro hierher zu verlegen und Führungen anzubieten, lässt die Gemeinde sich jegliche Nutzung und die damit verbundenen Einnahmen entgehen.

Plattenburg

Ich erinnere mich, dass ich 2020 im Internet auf einen Beitrag gestoßen war, demzufolge die Gemeinde händeringend einen neuen Pächter oder ersatzweise auch einen Käufer für die Plattenburg suchte, allerdings mit erheblichen Auflagen.

Wie ich nebenan in der Fischräucherei erfahre, erwartet die Gemeinde einen Kaufpreis von 15 Millionen Euro. Ein von einer Wirtschaftsberatung erstelltes Nutzungskonzept mit Gastronomie und Hotel jeweils auf 5-Sterne-Luxus- sowie Mittelklasse-Niveau und ergänzend dazu Pilgerherberge und Imbiss erfordere wohl weitere 10 bis 15 Millionen Euro an Investitionen, für die sich gerade in diesen Pandemiezeiten nun erst recht niemand finden lässt

Im Imbiss der besagten **Fischräucherei** erstehen Christine und ich je ein Fischbrötchen mit frisch geräuchertem Saibling bzw. frisch geräucherter Forelle und die passenden kalten Getränke dazu, die wir gleich auf der Terrasse im Schatten genießen.

Während Christine und Kito Pilger-Fisch noch ein wenig länger im Schatten rasten, erkunde ich ohne Gepäck das Burgareal mit der Oberburg und Unterburg. An der Tür zum Turm der Oberburg gibt es sogar noch einen Hinweis auf die seit mehr als 18 Monaten geschlossene Pilgerunterkunft. Ich könnte mir durchaus vorstellen, hier auch einmal einen meiner „Schlösser-, Güter-, Herrenhäuser-Marathons" anzubieten, sofern die Gemeinde sich dabei nicht querlegt.

Wir drei verlassen die Fischräucherei, umrunden die Oberburg und den kleinen angrenzenden Park zwischen ihr und der Karthane, die hier als Wassergraben fungiert, und gehen die Burgstraße in Richtung Norden. Nach 650 Metern, hinter dem großen Parkplatz am Ortsende, biegt der Pilgerweg bei Knotenpunkt 59 nun rechtwinklig nach links ab. Zugleich ändert er sich vom Asphaltweg zu einem als Radweg gekennzeichneten befahrbaren Forstweg. Auf den nächsten zwei Kilometer folgen wir dem Waldrand. 500 Meter später – inzwischen sind wir ganz im Wald – überqueren wir die Karthane bei einer kleinen Lichtung und lassen kurz darauf das Forsthaus rechts liegen.

Es gibt hier keine weiteren Navigationsprobleme. Die Wegmarkierungen sind gut und eindeutig, und auf den letzten Kilometern unseres Wegs bis zur Wunderblutkirche kann und wird nichts mehr schief gehen. Bei ein paar Häusern zur Linken verlassen wir den Wald und biegen von der Straße Am Park halbrechts in die Straße Am Eierberg ein.

Das Haus mit der Hausnummer 5A ist eine hypermoderne Villa, die sich als Firmensitz erweist.

Am Ende der Straße stoßen wir auf die Dr.-Wilhelm-Külz-Straße und ein Hotel, dessen Namen teilweise vom Laub der Bäume verdeckt wird.

Ich lese nur „…ente VITALHOTEL". „alimente VITALHOTEL" witzele ich kurz. Tatsächlich heißt es jedoch „ambiente VITALHOTEL".

Wir biegen vor dem Hotel nach links ab, passieren Hotel und Gaststätte Deutscher Hof und überqueren den Parkplatz des nachfolgenden Netto-Markts. Dahinter erreichen wir die Bahnunterführung am **Bahnhof Bad Wilsnack**, die wir durchqueren.

200 Meter später haben wir Christines Auto erreicht und können beide unsere Rucksäcke ablegen. Kito ist ganz aus dem Häuschen, als er das Auto erkennt.

St. Nikolai / Wunderblutkirche in Wilsnack, unser Pilgerziel

Nun ohne Gepäck, gehen wir die Bahnhofstraße entlang, biegen nach 230 Metern nach links in die Dr.-Wilhelm-Harnisch-Straße und nach weiteren gut 60 Metern nach rechts in die Straße Im Gutshof ein. Die ist nun quasi unsere Zielgerade zur 200 Meter entfernten **St. Nikolai / Wunderblutkirche**, die wir genau um 18 Uhr erreichen. Und wie bereits in Göricke werden wir mit Glockengeläut begrüßt.

Die Kirche ist verschlossen, aber das stört uns heute Abend nicht. Wir legen uns südlich des Eingangsportals der Kirche ins Gras und genießen einfach unsere Ankunft im Ziel des mittelalterlichen Pilgerwegs.

am Ziel unserer „*Wilsnackfahrt*"

Das versteht Kito sicherlich nicht, aber er bemerkt unsere heitere und gelöste Stimmung und lässt sich sofort von ihr anstecken. Wir schmusen und spielen ein wenig mit ihm auf dem Rasen. Das mag er.

Dann brechen wir ein letztes Mal auf und gehen denselben Weg wieder zurück zu unserem Parkplatz neben dem Bahnhof. Unterwegs essen wir beim Asia-Imbiss vor dem Edeka-Markt gut und sehr günstig zu Abend. Auch Kito bekommt ein wenig davon ab. Wir sind im Ziel und wollen den kleinen Hund an unserer Freude teilhaben lassen.

Mit dem Auto fahren wir die 800 Meter zu unserem Quartier, dem *Café Corso* in der Havelberger Straße 6, checken ein und beziehen unser Zimmer, in dem wir nun – erstmals auf dieser Reise – zwei Nächte an ein und demselben Ort verbringen wollen.

Wir sind ein wenig enttäuscht ob der Enge dieses Zimmers. Es ist (nach Kyritz) unser zweitteuerstes Quartier, aber das einzige, das uns einengt und uns nicht gefällt. Wohl gemerkt: Der Empfang durch unseren Gastgeber ist nett, und das Zimmer sieht genauso aus wie auf den Beispielfotos bei booking.com. Aber verglichen mit unserer letzten Unterkunft in Söllenthin ist es einfach klein und – wie sich rasch herausstellt – auch extrem hellhörig. Letzteres irritiert vor allem Kito Pilger-Fisch, der anfangs auf fast jedes Geräusch anschlägt und bellt. Außerdem vermissen wir ein paar zusätzliche Steckdosen.

Vorerst aber sind wir müde. Ich fahre kurz zum Netto-Markt beim Bahnhof, wo ich kurz vor Ladenschluss noch ein paar Lebensmittel für unsere Selbstversorgung jenseits des Frühstücks kaufe, darunter auch Hundefutter, Obst, Getränke und etwas Rotwein, mit dem wir unsere erfolgreiche Ankunft feiern.

Hinter dem Kopfende des Doppelbetts entdecken wir auf meiner Seite eine freie Steckdose für unser Verlängerungskabel mit Vierfachsteckdose. Somit kann ich sowohl das Netzteil des Laptops als auch das Ladegerät für meine Kameraakkus anschließen.

So „richtig alt" werden wir an diesem Abend aber nicht mehr. Nach einer Abendrunde mit Kito sind wir zeitig in der Koje.

Tages-Kilometer: 19,46 km

Erkenntnisse des Tages: Es ist ein wirklich gutes Gefühl, gemeinsam mit dem kleinen Hund das Ziel dieses mittelalterlichen Pilgerwegs von Berlin nach Wilsnack erreicht zu haben. Wir haben zu dritt viel erlebt, Höhen und Tiefen geteilt, schöne Landschaften und Orte gesehen und teilweise auch ihre Geschichte erfahren und vor allem nette und hilfsbereite Menschen kennen gelernt.

Als Theodor Fontane schrieb: „Man muss in der Mark Brandenburg nicht mit dem Schlimmsten rechnen, aber es kann dennoch eintreten", dann mag er die Infrastruktur gemeint haben, aber ganz sicher nicht die Menschen hier.

St. Nikolai / Wunderblutkirche in Wilsnack

24. JULI 2021
ABSCHLUSSTAG IN BAD WILSNACK

Heute ist der erste Tag, an dem wir nicht weiter pilgern. Wir sind ja angekommen. Das ist einerseits ein sehr schönes Gefühl, vor allem für den kleinen Pilger-Fisch, der ja bereits gestern nur mit leisem Protest mitging. Andererseits ist es fast ein wenig ungewohnt, wähnen wir uns irgendwie immer noch „auf dem Weg". Aber dies fühlt sich nicht wirklich falsch an.

Wir frühstücken erst einmal in aller Ruhe um 9 Uhr, bevor wir – zu Fuß natürlich – zur Wunderblutkirche bzw. Nikolaikirche, wie sie heute korrekt heißt, aufbrechen, um unsere Pilgerreise offiziell und erfolgreich abzuschließen. Der Weg zur Kirche ist nur wenige hundert Meter lang.

Im Pilgerzentrum im Eingangsbereich der Kirche werden wir sehr herzlich empfangen. Hier erhalten wir alle drei für unsere Pilgerpässe jeweils den letzten Stempel. Christine und ich dürften jede/r per Seilzug das Pilgerglockenwerk auslösen, wobei uns die nette Mitarbeiterin mit unseren Kameras fotografiert, und der kleine Hund – Kito „Pilger-Fisch" – wird ausdrücklich eingeladen, mit in die Kirche zu kommen.

Wir erstehen erst noch ein paar Erinnerungsstücke – in meinem Fall eine handgefertigte dunkelrote Keramiktasse mit dem Wunderhostien-Pilgerweg-Emblem, zwei Aufkleber in Form der uns so vertraut gewordenen Wegzeichen und drei neue Pilgerpässe –, ehe wir ausgiebig die Kirche erkunden.

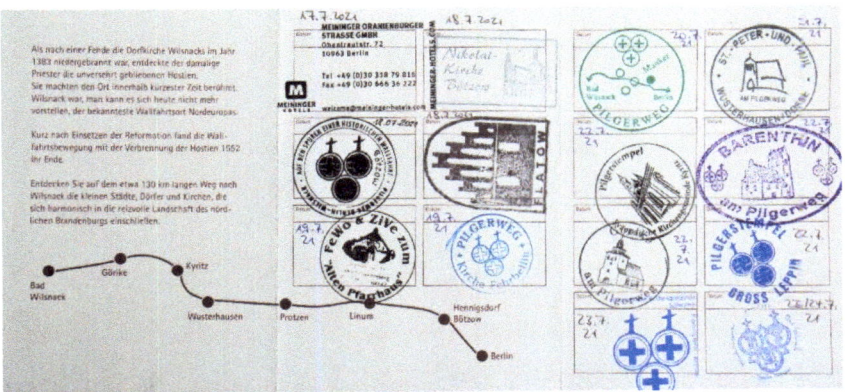

Nachdem wir unsere Souvenirs im Quartier deponiert haben, essen wir beim selben Asia-Imbiss wie am Vorabend, holen uns noch ein Eis im benachbarten Supermarkt und unternehmen dann einen Spaziergang entlang der Karthane, der uns „rein zufällig" ins regional bekannte

Eiscafé Kabel im Nachbarort **Groß Lüben** führt, wo wir natürlich auf ein Eis und ein Getränk einkehren.

Wieder in unserem Wilsnacker Quartier, dem Café Corso, wollen wir eigentlich nur noch in Ruhe entspannen und unsere Pilgernotizen weiter niederschreiben. Allerdings sitzen sechs weitere Menschen keine zwanzig Meter Luftlinie entfernt von unserem (der Wärme wegen zwangläufig) geöffneten Fenster, im Garten und reden pausenlos, was uns auf die Dauer ziemlich stört.

Selbst als Christine mit Kito Pilger-Fisch gegen 22:40 Uhr von seiner Abendrunde zurückkommt, klönen die sechs immer noch.

Rückblickend ist dieses Quartier (zudem das einzige, in dem wir zwei Nächte bleiben) das eindeutig schlechteste der gesamten Pilgerwoche. Eine auf jeden Fall bessere Alternative haben wir indessen bei unserem Besuch im Pilgerzentrum in der Kirche bereits eruiert.

Tages-Kilometer: 11,3 km

St. Nikolai / Wunderblutkirche in Wilsnack

25. JULI 2021
ABSTECHER NACH HAVELBERG & HEIMREISE

Nach dem guten Frühstück packen wir ein letztes Mal und brechen kurz vor 11 Uhr auf. Mit nur einer kurzen Unterbrechung, bei der wir uns die gotische **Backsteinkirche in Quitzöbel** aus der Zeit um 1500 von außen anschauen, fahren wir nach **Havelberg**.

Havelberger Dom

Hier treffen wir uns mit zwei Freundinnen. Gemeinsam durchstreifen wir die sehenswerte **Altstadt** und besichtigen den **Havelberger Dom**.

Dies ist für uns zugleich eine nette Ergänzung unseres Pilgerwegs, war dieser Dom doch der Sitz desjenigen Bischofs, dem Wilsnack und eine ganze Reihe der Ortschaften unseres letzten Pilgertags einschließlich der Plattenburg bis zur Reformation und der Säkularisierung gehört hatten.

Havelberger Dom

Havelberger Dom, Kreuzgang

Während unsere Freundinnen nach Hause fahren, nehmen wir uns noch etwas Zeit.

Auf dem Weg zur Autobahn machen wir noch einen Abstecher nach **Wolfshagen** bei Groß Pankow (Prignitz), dessen Herrenhaus ein sehr interessantes und sehenswertes **Schlossmuseum** (schlossmuseum-wolfshagen.com) beherbergt, in dem die authentische Ausstattung eines landadligen Herrenhauses, eine beeindruckende Meißener Porzellan-Ausstellung und auch ein DDR-Klassenzimmer der 1960er Jahre zu besichtigen sind.

Nachdem zunächst Christine den Pilger-Fisch neben dem Herrenhaus beaufsichtigt und ich das Museum erkundet habe, tauschen wir die Rollen. So kommen wir beide in den Genuss dieses spannenden kleinen Museums. Wir erkunden auch noch die Umgebung des Herrenhauses, ehe wir endgültig Kurs auf Hamburg nehmen.

Gegen 19 Uhr sind wir wieder zu Hause.

Meißener Porzellan im Schlossmuseum Wolfshagen

RÜCKBLICK AUF DEN PILGERWEG BERLIN – WILSNACK

Der mittelalterliche Pilgerweg von Berlin nach (Bad) Wilsnack ist für uns eine sehr interessante Entdeckung und ein schönes, eindrucksvolles Erlebnis, und dies unabhängig davon, ob man dort alleine oder wie wir zu zweit und mit Hund pilgert.

Sehr anschaulich erschließen sich uns die alten Straßen und Wege längst vergangener Jahrhunderte, wobei die Alte Hamburger Poststraße von Berlin (Oranienburger Tor) nach Hamburg mit ihren Viertel-, Halb- und Vollmeilensteinen am deutlichsten zu erkennen ist. Sie wurde 1654 auf Anordnung des Kurfürsten Friedrich Wilhelm angelegt, also 102 Jahre nach der öffentlichen Verbrennung der „Wunderbluthostien" und damit dem Ende des 1383 eingesetzten Pilgerbooms nach Wilsnack. Bis Kyritz sind beide Strecken – die des Pilgerwegs und die der Poststraße – weitestgehend identisch. Danach zweigt die Poststraße nach Perleberg ab, während der Pilgerweg etwas südlicher verläuft und auf diesen letzten 40 Kilometern kleineren Wegen und Straßen folgt, dafür jedoch hier keine Infrastruktur hinsichtlich Einkaufs- und Einkehrmöglichkeiten bietet.

Als Alternative zu einem der deutschen oder ausländischen Jakobswege taugt dieser Pilgerweg allemal, und zwar so gut, dass er in manchen Listen auch gerne als „Brandenburgischer Jakobsweg" geführt ist.

Was man jedoch bedenken sollte, ist die Tatsache, dass die touristische Infrastruktur hier in dieser Gegend nicht erst in den letzten Jahrzehnten ziemlich dünn ist und zudem sehr viele Strukturen – vor allem in der Gastronomie und bei den Bäckereien – aufgrund der Pandemie und der beiden Lockdowns entweder ganz verschwunden sind oder nur noch reduzierte Öffnungszeiten anbieten.

Wir haben viel über die Landschaft, die Dörfer und die Städte hier in Brandenburg gelernt, auch über die Geschichte Brandenburg-Preußens, und hatten so manches Aha- oder Deja-vu-Erlebnis.

Kurz und gut: Wir können diesen Weg jedem, der sich auch hier und dort auch einmal mit einfacherer Versorgung zufriedengeben kann, nur empfehlen.

RÜCKBLICK AUF PILGERN MIT HUND

In zahlreichen Internet-Foren war mir das Thema *„Pilgern mit Hund"* immer wieder einmal begegnet. Es ist nachvollziehbar, dass Menschen, die eng mit ihrem Hund verbunden sind, diesen auch beim Pilgern um und bei sich haben wollen.

Bei uns kam dieses Thema auf, als meine Partnerin Christine Anfang Mai 2021 Kito ins Haus holte, einen damals gerade zweijährigen Pinschermix-Rüden. Er kam aus dem Tierschutz. Von Anfang an war er sehr aktiv, aber auch sehr anhänglich und verschmust. Allerdings hatte er anfangs auch extreme Verlustängste: Wenn Frauchen nicht bei ihm war, ging für ihn quasi die Welt unter und war er sehr aufgelöst und regelrecht in Panik.

Doch binnen eines Monats war er bei uns zunehmend verwurzelt: Er gewann immer mehr Sicherheit und lernte, dass wir beide für ihn da waren, immer wieder zu ihm zurückkommen und ihn nicht im Stich lassen – selbst wenn wir nicht permanent bei ihm sein können, sondern ihn ab und zu auch einmal für eine kurze Zeit alleine lassen müssen.

Diese Pilgertour war nun für Kito etwas gänzlich Neues: Erstmals, seit er vor gut 2 ½ Monaten zu uns gekommen war, übernachtete er nicht zu Hause, sondern – wenngleich mit uns beiden gemeinsam – auswärts und dann auch noch jeden Abend woanders.

Diese Herausforderung meisterte er ohne Fehl und Tadel, sieht man davon ab, dass er hier und da an unserem Hotelzimmer vorbei gehende Menschen „verbellte".

„Pilgern mit Hund" barg jedoch noch eine andere größere Herausforderung: Nicht jedes Hotel, nicht jede Pension und nicht jede Pilgerunterkunft akzeptiert Hunde als Übernachtungsgäste.

Das häufigste Argument dagegen waren hygienische Gründe, die ich problemlos akzeptieren kann, zumal es ja auch Menschen mit Allergien gegen Tierhaare gibt. Teilweise wurden auch die eigenen Haustiere der Gastgeber – Hunde, Katzen oder Hühner – genannt. Auch dies kann ich verstehen und nachvollziehen.

Auf jeden Fall ist es beim Pilgern mit Hund unabdingbar, seine Übernachtungsquartiere im Vorfeld – am besten einen Monat vorher –

gebucht und bestätigt zu haben, natürlich mit dem ausdrücklichen Hinweis auf den begleitenden Vierbeiner.

Für uns beide erwies sich die Mitnahme Kitos eindeutig als Bereicherung. Er war uns beiden gegenüber maximal aufmerksam, sorgte und kümmerte sich, dass unser kleines Dreier-Rudel beisammenblieb und wir niemanden verloren. Abends in unseren Quartieren war er teils noch verschmuster als sonst, sofern er nicht bereits kurz nach unserer jeweiligen Ankunft irgendwo im Tiefschlaf herumlag.

Auf der anderen Seite mussten auch wir vielfach Sorge für den Kleinen tragen. Das begann mit der bereits geschilderten schwierigeren Quartierbuchung, dem zusätzlichen Gepäck an Hundefutter, Leckerlis, Hundewasserflaschen. Vor allem aber mussten wir bei der Zeiteinteilung, Wegeauswahl und Pausengestaltung auf ihn achten.

Hunde vertragen nun einmal keine Temperaturen dicht unter oder gar über 30 °C im nicht vorhandenen Schatten. Also mussten wir für ausreichend Schatten sorgen, zusätzliche Pausen einstreuen, die der Kleine teils auch von sich aus einforderte, und ihm vor allem immer wieder reichlich Wasser anbieten.

Alles in allem gelang uns dies aber gut und gab es keine relevanten Probleme, wobei wir jedoch auch großes Glück mit dem Wetter hatten, vor allem bei den längeren schattenlosen Abschnitten.

Dies alles gestaltet sich natürlich deutlich einfacher, wenn man nicht – wie wir hier und jetzt – im Juli pilgert, sondern stattdessen im Frühjahr oder Herbst. Das ist uns durchaus bewusst, und das werden wir auch bei künftigen Pilgerprojekten berücksichtigen.

Manchmal, vor allem am Morgen der letzten Tagesetappe, zeigte Kito auch Motivationsprobleme: Gerade eben war er noch munter in unserem Quartier herumgesprungen, doch als wir die Rucksäcke aufsetzten und ihn anleinen wollten, kam er „nur unter Protest" mit. Nach 1-2 km war er dann jedoch wieder voll bei der Sache.

Vermutlich war das ja tendenziell ruhige Pilgern mit seinen beiden etwas in sich gekehrten Menschen phasenweise etwas langweilig für den kleinen Hund.

Vielleicht hätte er aber auch lieber zwischendurch einen Ruhetag mit Faulenzen, Schlafen in „seinem" altem Bürosessel oder einfach nur Toben und Spielen gehabt oder sogar benötigt.

Tag für Tag aufs Neue auf unbekanntem Terrain unterwegs zu sein, ist für einen Hund halt doch etwas ganz Anderes als für uns Menschen, die wir die Landschaft, die Sehenswürdigkeiten, die Begegnung mit den Menschen in den Ortschaften und die gesamte Atmosphäre in gänzlich anderer Weise erleben und auch genießen können.

Vielleicht lag es jedoch auch ein wenig daran, dass dies alles für Kito „Pilger-Fisch" allzu neu war. Vielleicht vermisste er einfach nur sein neues Zuhause, seine seit Anfang Mai gewohnte und für ihn sichere Umgebung.

Das für den Hund Sorge Tragen und auf ihn Aufpassen, bedingt natürlich auch, dass man weniger seinen eigenen Gedanken auf dem Weg nachhängen kann. Das Nachdenken über den eigenen Alltag, über Wichtiges und Unwichtiges im eigenen Leben, über alte und neue Inhalte und Schwerpunkte gelingt nur bedingt, wenn man seinen vierbeinigen Partner mehr oder weniger ständig im Auge behalten muss.

Wie wichtig letzteres sein kann, zeigte uns ja auch die Episode zwischen Wusterhausen und Kyritz, als sich Kito unvermutet abseits des Wegs in einem toten Fisch wälzte und dann gut 1 ½ Tage dieses Aroma „toter Fisch" verbreitete. Glücklicherweise roch der „Pilger-Fisch" dann aber bald wieder nach Hund beziehungsweise nach Gras.

„Pilgern mit Hund" kann wunderschön sein und die Beziehung Mensch – Hund wesentlich vertiefen, aber es ist eine andere Art zu pilgern mit potentiell weniger Spiritualität.

ÜBERSICHT UNSERER TAGESETAPPEN

Anreisetag: Autofahrt von Hamburg nach Bad Wilsnack, Parken am Bahnhof (kostenlos), Weiterfahrt mit der Deutschen Bahn nach Berlin

Tag 1: Berlin-Mitte (Marienkirche) – Hennigsdorf (auf dem Hauptweg) – Bötzow: laut Outdoor-Pilgerführer 26,3 km, bei uns von Unterkunft bis Unterkunft 33,5 km

Tag 2: Bötzow – Flatow: laut Outdoor-Pilgerführer 18,6 km, bei uns (einschließlich Umweg bzw. Wegvariante über Tietzow) von Unterkunft bis Unterkunft 25,9 km

Tag 3: Flatow – Linum – Hakenberg – Fehrbellin – Protzen: laut Outdoor-Pilgerführer 24,7 km, bei uns von Unterkunft bis Unterkunft 30,7 km

Tag 4: Protzen – Manker – Barsikow (dort Abbruch der bis Wusterhausen/Dosse geplanten Etappe): laut Outdoor-Pilgerführer 18,4 km, bei uns von Unterkunft bis Unterkunft 22,5 km

Tag 5: Barsikow – Wusterhausen/Dosse – Kyritz: laut Pilgerführer 19,4 km, bei uns von Unterkunft bis Unterkunft 22,7 km

Tag 6: Kyritz – Görike – Söllenthin: laut Outdoor-Pilgerführer 24,7 km, bei uns von Unterkunft bis Unterkunft 30,7 km

Tag 7: Söllenthin – Wilsnack: laut Outdoor-Pilgerführer 21,5 km, bei uns von Unterkunft bis Unterkunft 26,9 km

Gesamtstrecke: laut Outdoor-Pilgerführer 153,6 km, bei uns einschließlich Besichtigungen und abendlicher Spaziergänge 192,9 km

ÜBERSICHT UNSERER ÜBERNACH-TUNGSQUARTIERE

Freitag, 16.07.2021: B&B Hotel Berlin Alexanderplatz: DZ für 65,00 € inkl. 12,00 € Hundezuschlag, ohne Frühstück, über booking.com

Samstag, 17.07.2021: Bötzow: Gartenhäuschen bei Diana Kuhl, Alter Lindenweg 1 b: 50,00 € für uns drei (kein Hundezuschlag) mit tollem Frühstück, telefonisch gebucht (03304 505924)

Sonntag, 18.07.2021: Flatow: Gemeindesaal der Ev. Kirchengemeinde, direkt neben der Dorfkirche: 25,00 € für uns drei (kein Hundezuschlag), Klappbetten mit Bettzeug, keine Dusche, Küchennutzung, aber ohne Frühstück, telefonisch gebucht bei Lutz Kowalke (Vorsitzender des Kirchengemeinderats, 0172 3142860)

Montag, 19.07.2021: Protzen: Privatzimmer bzw. Appartement bei Christine Dau, 60,00 € für uns drei (kein Hundezuschlag), ohne Frühstück, telefonisch gebucht (0173 7912472)

Dienstag, 20.07.2021: Neustadt/Dosse: Reitinternat Schloss Spiegelberg, Spiegelberg 43, 63,00 € plus Hundezuschlag, mit tollem Frühstück, über booking.com

Mittwoch, 21.07.2021: Kyritz: Bluhm's Hotel am Markt, Maxim-Gorki-Straße 34, 87,00 € inkl. Hundezuschlag, mit gutem Frühstück, über booking.com möglich, von uns jedoch telefonisch gebucht

Donnerstag, 22.07.2021: Söllenthin: Ferienhaus Frederick, Kirschallee 13, 20,00 € für uns drei (kein Hundezuschlag), Selbstversorger, kein Bettzeug, aber schön geräumig und ruhig, telefonisch gebucht (0177 2598801)

Freitag, 23.07.2021: Bad Wilsnack: Café Corso, Havelberger Straße 6, 81,00 € inkl. Hundezuschlag und Kurtaxe, mit gutem Frühstück, beengt, hellhörig, über booking.com

Mit Ausnahme des letzten Quartiers kann ich alle empfehlen und würde sie auch selbst erneut ansteuern und buchen.

WEITERE INFORMATIONEN
VON A BIS Z

Apotheken

Apotheken gibt es unterwegs in Fehrbellin, Wusterhausen/Dosse, Kyritz und Wilsnack.

Ausrüstung

Da man als Pilger seinen „Ranzen" tragen muss, sollte man sich diesen nicht zu schwer machen und sein Gepäck daher minimieren:

Kleidung:

Schuhe (gut eingelaufene Wander- oder Trail-Laufschuhe)
Regenschutz: Regenhose und Regenjacke, je nach Wetterlage und Distanz auch nur ein Folienponcho (65 Gramm, sicher ist sicher!)
Fleecejacke (je nach Jahreszeit)
2 Paar Socken zum Wechseln
ggfs. Kompressionskniestrümpfe
1-2 Garnituren Unterwäsche zum Wechseln
1-2 T-Shirts zum Wechseln
kurze Wanderhose
langärmliges Funktionsshirt (für abends)
„Schnutenpulli" (medizinische Mund-Nasen-Maske)
Schirmmütze
Handtuch

Sonstige Ausrüstung:

Sonnenbrille
Stirnlampe mit Ersatzbatterien
Handy (voll aufgeladen) mit Ladekabel
ggfs. Digital-Kamera mit 1-2 geladenen Reserveakkus und Ladegerät
Gürtel mit Flaschenhalter für 0,75-l-PET-Flasche
Dokumenten-Brustbeutel für Wanderkarte
Kulturtasche (Haarbürste, Zahnbürste, Miniportionen Zahnpasta, Shampoo)
Personalausweis

EC-Karte etc.

Bargeld

Pilgerausweis, Streckenkarte, Informationsbüchlein

Medikamente, Pflaster, Sonnen- und Insektenschutzmittel

Melkfett

Ohne die Spiegelreflexkamera, die ich mir als „Luxus" leiste, und ohne die Tagesverpflegung (Kaubonbons, 1-2 belegte Brötchen) sind dies etwa 5-6 Kilogramm. Mit der Kamera, den Getränken (etwa 1,5 Liter) und der Tages-Verpflegung sollten es nicht mehr als acht, maximal zehn Kilogramm sein.

Literatur hierzu: Trekking ultraleicht von Stefan Dapprich, Conrad Stein Verlag, Basiswissen für draußen, ISBN 978-3-86686-285-2, € 9,90

Änderungen & Updates

Alle Angaben hier in diesem Buch geben den Informationsstand von Ende Juli 2021 wieder. Wir haben jedoch erlebt, wie stark und wie schnell sich die Angaben allein seit der Neuauflage unseres Outdoor-Pilgerführers im September 2020, also vor gerade einmal zehn Monaten, verändert haben.

Die Pandemie und der zwischenzeitliche zweite Lockdown von Anfang November 2020 bis Mitte Mai 2021 haben teilweise einen regelrechten Kahlschlag bewirkt.

Dies bestätigten mir auch viele Einheimische, mit denen ich mich über dieses Thema unterhielt. Sie befürchten sogar, dass sich ein großer Teil der aktuellen Verluste als dauerhaft erweisen könnte.

Insofern ist es unbedingt angeraten, sich im Vorfeld einer Tour auf diesem mittelalterlichen Pilgerweg im Web oder auch per Telefon zu erkundigen, ob und wann die angepeilten Ziele, Gaststätten und Quartiere offen sind. Wer wie wir mit seinem Hund unterwegs ist, muss dies sowieso so handhaben, da ja nicht jedes Quartier Hunde als Gäste akzeptiert.

An- und Rückreise

Die Anreise nach Bad Wilsnack wie auch nach Berlin-Mitte und nach Hennigsdorf (als alternativem Startort) ist problemlos per Bahn möglich.

Die von uns gewählte Version „Anreise per Auto nach Bad Wilsnack & weiter per Bahn nach Berlin-Mitte" hatte natürlich den Charme, dass unser Auto im Ziel auf uns wartete und wir dort auch sogleich unsere Rucksäcke ablegen konnten und nicht mehr weiterschleppen mussten

Alternativ kann man natürlich von Bad Wilsnack auch per Bahn nach Hennigsdorf fahren und dort starten. Dies spart gegebenenfalls sogar einen ganzen Tag Zeit.

Fahrradpilgern

Die gesamte Strecke des mittelalterlichen Pilgerwegs ist durchaus auch mit dem Fahrrad machbar.

Infrastruktur (Einkaufen & Einkehren)

Bei seiner individuellen Etappenplanung sollte man unbedingt berücksichtigen, dass die Infrastruktur im Verlauf dieses Pilgerwegs immer wieder sehr dünn ist.

So gibt es zwischen Fehrbellin und Wusterhausen keine Einkaufsmöglichkeit und mit Ausnahme des *Bierkellers* in Protzen auch keine Einkehroption.

Und auch die letzten rund 40 Kilometer zwischen Kyritz und dem Zielort Wilsnack sind „tabula rasa": Auch hier gibt es weder Einkaufs- noch Einkehr-Chance! Allerdings haben wir in diesem Abschnitt ja in den Kirchen in Rehfeld und in Berlitt Wasserdepots vorgefunden und zeigen auch immer wieder Schilder vor Wohnhäusern an, dass man dort Wasser bekommen kann.

Natürlich kann man versuchen, bei seinen Quartiergebern nach Abendessen oder Frühstück zu fragen, was man jedoch nicht allzu kurzfristig äußern sollte.

Für mich war diese dünne Infrastruktur allerdings mehr ein zusätzlicher Abenteueraspekt als eine Abschreckung oder ein Manko. Pilgern ist schließlich kein 5-Sterne-Luxus-Urlaub.

Internetseite des Pilgerwegs

Die offizielle Internetseite des Pilgerwegs lautet: www.wegenach-wilsnack.de

Literatur

Rainer & Cornelia Oefelein: Mittelalterlicher Jakobsweg Berlin – Wilsnack – Tangermünde, Conrad Stein Verlag, Outdoor – Der Weg ist das

Ziel, 4. überarbeitete Auflage (September 2020), ISBN 928-3-86686-577-8, € 10,90 – *Dieses Buch ist eindeutig das Standardwerk schlechthin für jeden, der diesen Pilgerweg gehen möchte!*

Förderkreis Alte Kirchen Berlin-Brandenburg e.V. & Förderverein Wunderblut-Kirche St. Nikolai Bad Wilsnack e.V. (Hg.): Von Berlin nach Wilsnack. Ein kulturhistorischer Wegbegleiter zu den Stationen einer vergessenen Wallfahrt (2005, Nachdruck 2008), € 3,00 – *zu beziehen über die Homepage wegenachwilsnack.de*

Hartmut Kühne & Anne-Katrin Ziesak (Hg.): Wunder – Wallfahrt – Widersacher: Die Wilsnackfahrt, Verlag Friedrich Pustet, ISBN 3-7917-1969-6, € 9,95 – *zu beziehen über die Homepage wegenachwilsnack.de*

Stefan Dapprich: Trekking ultraleicht, Conrad Stein Verlag, Basiswissen für draußen, ISBN 978-3-86686-285-2, € 9,90

Pilgerpass

Es gibt einen Pilgerpass speziell für diesen Pilgerweg, der für € 1,00 pro Stück zzgl. Versandkosten über die Homepage www.wegenachwilsnack.de zu beziehen ist.

Natürlich kann man auch die internationalen Jakobspilgerausweise verwenden, die über die St. Jakobus-Gesellschaft Berlin-Brandenburg (www.jakobusgesellschaft-berlin-brandenburg.de, unter „Pilgerausweise & Beratung") oder auch im Pilgerzentrum der Hauptkirche St. Jacobi in Hamburg erhalten kann. Sie kosten dort um € 6,50 bis 7,50.

Diese Pilgerausweise sind allerdings nicht zwingend nötig, zumal es im Ziel in Bad Wilsnack ja auch keine Pilgerurkunde gibt.

Allerdings sind die Pilgerpässe mit den gesammelten Stempeln eine hübsche persönliche Erinnerung an den gegangenen Weg, und sie werden zweifellos auch immer beliebter.

Pilgerzeichen

Anstelle einer Pilgerurkunde erhielten die mittelalterlichen Pilger im Ziel ihrer Wallfahrt ein Pilgerzeichen, das in vielen Zielorten, so auch hier in Wilsnack, aus einer Blei-Zinn-Legierung bestand (und auch heute noch besteht).

Solche Pilgerzeichen hatten den Vorteil, dass sie zum einen auch offen an der Kleidung oder am Hut getragen werden konnten und dass sie zudem auch wetterunempfindlich waren, dass also die Chance, sie – als

Beleg der erfolgreichen Pilgerreise – unversehrt zu Hause vorweisen zu können, signifikant besser war als bei einer Urkunde.

Eine Nachbildung dieses Zeichens ist für € 5,00 pro Stück im kleinen Laden im Eingangsbereich der St. Nikolaikirche in Bad Wilsnack zu beziehen, alternativ auch zzgl. Versandkosten über die Homepage www.wegenachwilsnack.de.

Allerdings war es bei unserer Ankunft in Wilsnack nicht verfügbar, da der bisherige Hersteller aus Altersgründen in Rente ging und sich bisher kein neuer Hersteller fand. Ende 2020 konnte ich es online noch bekommen. Aktuell sind, wie uns in Bad Wilsnack gesagt wurde, die Restbestände jedoch ausverkauft.

Reisezeit

Im Prinzip ist der mittelalterliche Pilgerweg ganzjährig begehbar. Jede Jahreszeit hat ihre ganz eigenen Reize, wobei der April und Oktober sicher besonders attraktiv sind, weil dann Tausende von Kranichen und Wildgänsen auf ihrem Zug gen Norden bzw. Süden im Rhinluch Zwischenstation machen.

Man sollte allerdings im Vorfeld klären, ob die angepeilten Quartiere – vor allem zwischen November und März – Winterpause haben oder geöffnet sind.

Unterkünfte

Das Netz der Unterkünfte entlang des Pilgerwegs ist einigermaßen dünn, vor allem wenn man wie wir mit Hund pilgert. Das Niveau reicht dabei von Gemeinde- bzw. Pfarrhäusern über die unterschiedlichsten Privatquartiere bis zu Hotels der diversen Kategorien. Man sollte sich allerdings nicht darauf einlassen, einfach loszugehen und sich dann spontan nach Quartieren umzusehen.

Zum einen haben nicht alle Anbieter die Pandemie und die beiden Lockdowns schadlos überstanden. Einige mussten entsprechend der neuen Pandemieeindämmungs- und Hygieneregeln ihre Kapazitäten verringern oder sind ganz verschwunden.

Zum zweiten nehmen halt – wie bereits ausführlich dargelegt – nicht alle Gastgeber Hunde mit auf.

Und schließlich sind im Winter einige Unterkünfte geschlossen und somit passager nicht verfügbar.

Wegmarkierungen

Von Berlin-Mitte bis Hennigsdorf darf man keinerlei Streckenmarkierungen erwarten. Hier muss man sich alleine nach der Wegbeschreibung im Outdoor-Pilgerführer (oder einem Track) orientieren.

Von Hennigsdorf bis Wilsnack ist der Pilgerweg durchweg sehr gut markiert, und zwar entweder mit dem Wilsnacker Pilgerzeichen mit den stilisierten drei Hostien oder mit aufgesprühten drei orangefarbenen Punkten (zwei oben nebeneinander, einer auf Lücke darunter) oder auch dem Jakobswege-Zeichen (blaues Quadrat mit in Gehrichtung gebündelten gelben Strahlen) oder sogar beiden Zeichen.

Vor allem aber sind die Wegbeschreibungen und Wegskizzen im Outdoor-Pilgerführer sehr gut und genau.

Insofern sind Landkarten oder Tracks nicht wirklich nötig, auch wenn sie eine gewisse zusätzliche Sicherheit geben.

in Groß Leppin

ÜBER DEN AUTOR

Christian Hottas, Jahrgang 1956, lebt seit 1979 in Hamburg, wo er seit 1993 als Facharzt für Allgemeinmedizin mit den Zusatzschwerpunkten Sportmedizin, Chirotherapie und reisemedizinische Beratung niedergelassen ist. Während seiner Sportmedizin-Weiterbildung lief er im April 1987 in Hamburg seinen ersten Marathon und im Juli 1987 in Karlsruhe seinen ersten Ultramarathon.

Im August 2005 absolvierte er seinen 1000. Lauf über mindestens Marathondistanz, im Mai 2013 seinen 2000. und im Juni 2021 dann seinen 3000. derartigen Lauf. Seit August 2011 führt er die „*World Megamarathon Rankings*" (Weltrangliste der Marathon-Vielfach-Finisher) mit inzwischen großem Vorsprung an.

Zum Pilgern kam er erst im Herbst 2018, als er mit seiner heutigen Lebensgefährtin Christine Schroeder seinen ersten Jakobsweg, den *Camino Inglés*, ging.

Zunächst pandemiebedingt, konzentrierte sich sein Pilgerinteresse seit 2020 auf deutsche Pilgerwege, wobei ihn insbesondere weniger bekannte Strecken faszinieren. Seit Sommer 2021 ist auch Familienhund Kito (Pinscher-Mix, Jahrgang 2019) mit Begeisterung dabei.

Seither hat es für Christian auch keinen Pilgertag ohne Kito gegeben. Kito ist Pilger durch und durch und Christians zuverlässiger Begleiter und Beschützer. So kompliziert Pilgern mit Hund anfangs schien, so sehr ist jetzt, da Kito und seine Menschen immer besser aufeinander eingespielt sind, Pilgern ohne Hund beinahe undenkbar.

Derzeit sind alle drei – Christian, Christine und Kito – als Jakobspilger von ihrem Zuhause in Hamburg nach Santiago de Compostela unterwegs. Bremen und Wildeshausen (Herbst 2021), Osnabrück, Münster, Herdecke (Frühjahr 2022), Köln und Trier (Herbst 2022) sowie Vézelay (Herbst 2023) haben sie bereits erreicht und damit etwa die erste Hälfte dieses Projekts gemeistert. 2024 werden alle drei auf der Via Lemovicensis und 2025 auf dem Camino Francés unterwegs sein.

Kito und Christian sind zudem noch zu zweit auf einer anderen Route von Hamburg nach Aachen unterwegs und haben dabei über Soltau, Mariensee, Loccum und Minden bis März 2023 Bielefeld erreicht. Von hier soll es 2024 weitergehen.

Auf der VIA ROMEA GERMANICA, einem Pilgerweg von Stade nach Rom, der dem Rückweg-Route einer Dienstreise des Stader Abtes Albert 1236/37 folgt, sind beide im Frühjahr und Frühsommer 2023 von Stade bis nach Nordhausen gegangen.

Kito und Christian m Ziel in Wilsnack

WEITERE PILGER-ERLEBNISBERICHTE

Camino Inglés – Schnupper-Pilgern von Ferrol nach Santiago de Compostela (gegangen 2018, Band 1, erschienen Herbst 2023)

Hümmlinger Pilgerweg – Von Stein zu Stein Pilgern im Emsland (gegangen 2020, Band 2, noch in Vorbereitung)

Sigwardsweg – Pilgern von Minden nach Idensen und zurück (gegangen 2020, Band 3, noch in Vorbereitung)

Mittelalterlicher Pilgerweg von Berlin nach Wilsnack – Pilgern mit Hund in Brandenburg (gegangen 2021, Band 4, erschienen Herbst 2023)

Annenpfad – Kurz-Pilgern in der Prignitz (gegangen 2021 & 2022, Band 5, erschienen Herbst 2023)

Jacobusweg Lüneburger Heide von Hamburg & von Lüneburg nach Kloster Mariensee – Jakobspilgern mit Hund und 9-Euro-Ticket (gegangen 2022, Band 6, erschienen Herbst 2023)

Dithmarscher Jakobsweg – Pilgern mit Hund auf der Westküstenroute der Via Jutlandica (gegangen 2022, Band 7, erschienen Herbst 2023)

Jakobspilgern mit Hund von Hamburg nach Santiago de Compostela – Teil 1: von Hamburg bis nach Trier auf der Via Baltica, dem Osnabrücker und dem Bergischen Jakobsweg sowie der Via Coloniensis (gegangen 2021-2022, Band 8, noch in Vorbereitung)

Pilgern mit Hund von Hamburg nach Aachen (gegangen 2022-2024, Band 9, noch in Vorbereitung)

Via Romea Germanica – Rom-Pilgern mit Hund, Teil 1: von Stade nach Nordhausen (gegangen 2023, Band 10, erschienen Herbst 2023)

Jakobspilgern mit Hund von Hamburg nach Santiago de Compostela – Teil 2: von Trier nach Vézelay (gegangen 2023, Band 11, noch in Vorbereitung)

ENTSTEHUNGSGESCHICHTE DIESES BUCHES

Pilgerweg gegangen im Juli 2021

Textkonzept und -Beginn im Juni 2021

Text fertiggestellt im August 2021

erstes Layout mit Fotos & Lektorat im September 2021

neues (2.-4.) Layout gemäß der BoD-Buchblock-Anleitung und vollständige Überarbeitung Anfang September 2023

Schlussbearbeitung, Covergestaltung & Publikation im Oktober 2023

Turmuhr der ev. Dorfkirche Groß Leppin